给赴美的游客、学生、移民、商务人员、生意和投资人

其它俞心怡和张洪合著的书

财商必备　美国财经 综合教育 英文版
财商必备　美国财经 综合教育
财商必备 赴美旅游生活金融指南 下册

待出版发行的书

财商必备　美国财经 儿童教育 英文版
财商必备　美国财经 小学教育 英文版
财商必备　美国财经 中学教育 英文版
财商必备　美国财经 青少年教育 英文版
财商必备　美国财经 儿童教育
财商必备　美国财经 小学教育
财商必备　美国财经 中学教育
财商必备　美国财经 青少年教育
财商必备 赴美旅游生活金融指南 上册 英文版
财商必备 赴美旅游生活金融指南 下册 英文版

财商必备 系列丛书

赴美旅游生活金融指南

上册

Financial Intelligence For Parents and Children

Daily Life Part 1

初步适应

俞心怡和张洪合著

俞心怡和张洪合著

国际标准书号 ISBN: 1523716401
国际标准书号 ISBN-13: 978-1523716401
美国国会图书馆目录编号 LCCN: 2015919234
美国国会图书馆目录分类 BISAC: Education / Finance

CreateSpace Independent Publishing Platform
North Charleston, South Carolina

目录

引言 1

本书特色 2

本书内容 3

第 1 章 美国的钱 9

1.1 美元的硬币是什么样的？ 9

1.2 美元的钞票是什么样的？ 12

1.3 美元钞票的最大面额是多少？ 14

1.4 美国的钱是在哪里造的？ 15

1.5 怎么进行货币兑换？ 16

1.6 现钞和现汇有什么区别？ 18

1.7 携带美元到美国需要注意什么？ 19

1.8 怎么电汇美元到美国？ 22

1.9 如何用银行卡在美国取现？ 24

1.10 一个典型的美国人的钱包里有什么？ 26

1.11 反洗钱法规有什么要求？ 27

第 2 章 购买商品 28

2.1 美国有哪些商店？ 28

2.2 美国有哪些百货商店？ 29

2.3 美国有哪些折扣商店？ 31

2.4 美国有哪些仓储式商店？ 32

2.5 美国有哪些专业商店？ 33

2.6 美国有哪些超级市场？ 35

2.7 美国有哪些昼夜商店？ 37

2.8 美国的小店在哪里？ 38

2.9 怎么使用自动售卖机？ 39

2.10 在美国怎么进行网购？......40
2.11 美国的东西什么时候打折？......44
2.12 美国的商店节假日关门吗？......44
2.13 在哪里买食品？......45
2.14 在哪里买药？......46
2.15 在美国可以讲价吗？......47
2.16 退换货政策和保修有什么规定？......48
第 3 章 购买服务......49
3.1 到美国怎么打电话？......49
3.2 怎么选择手机电话公司？......50
3.3 怎么选择电话计划？......50
3.4 在美国去哪儿吃饭？......53
3.5 如何乘坐出租车？......55
3.6 如何坐公共交通？......56
3.7 汽车租赁应注意什么？......57
3.8 如何给汽车加油?......59
3.9 过桥过路费怎么交？......62
3.10 入住旅馆旅店有哪些需要注意的？......65
3.11 美国住什么样的房子？......65
3.12 在美国怎么租房？......67
3.13 如何支付账单？......70
3.14 什么地方要给小费，怎么计算？......73
第 4 章 如何支付......75
4.1 在哪里可以用现金？......75
4.2 怎么使用支票？......76

4.3 电子支票是什么？ 78
4.4 怎么进行转账？ 80
4.5 汇票和现金支票是什么？ 83
4.6 信用卡和借记卡怎么用？ 87
4.7 借记卡和信用卡的区别是什么？ 89
4.8 在美国使用银联有什么注意事项？ 92
4.9 美国有哪些在线和移动支付? 93
4.10 不同的支付方式有什么优缺点? 95
第 5 章 获取信贷......97
5.1 大家都从哪里获得贷款? 97
5.2 申请贷款有哪些注意事项？ 98
5.3 什么是征信机构？ 99
5.4 什么是信用评分？ 101
5.5 如何修复信用问题? 102
5.6 怎么用法律保护自己借贷过程？ 103
5.7 怎么确保信用局的公正准确？ 103
5.8 怎么应对不公平的债务催收行为？ 104
5.9 到哪里可以申请信用卡? 104
5.10 美国市面上有哪几种信用卡? 105
5.11 选购信用卡时应该考虑哪些问题? 105
5.12 怎么保证信用卡公司对你公平? 108
5.13 怎么获得应急资金？ 109
附录 111
租房申请表 111
一个典型的租房合同 114

图表目录

图表 1-1 可以到银行兑换的硬币筒 12

图表 1-2 流通的纸币 14

图表 1-3 一万美元和十万美元的纸钞 15

图表 1-4 本外币兑换统一服务标识 16

图表 1-5 网银购汇入口 17

图表 1-6 网银购汇界面 17

图表 1-7 两个国外的连锁货币兑换公司的标识 18

图表 1-8 FinCEN Form 105 表格 21

图表 1-9 向境外转账汇款的网银操作 23

图表 1-10 两个不同风格的 ATM 机语言选择界面 24

图表 1-11 接受银联卡的 ATM 机 25

图表 2-1 美国主要百货商店的标识 30

图表 2-2 世界上最大的零售企业沃尔玛 31

图表 2-3 一个号称比较有品位的零售企业 31

图表 2-4 零售业曾经的辉煌 32

图表 2-5 穷人的百货店 32

图表 2-6 仓储式会员店的带头大哥 33

图表 2-7 另外两家仓储式销售商店 33

图表 2-8 自助家装的两个巨头 34

图表 2-9 电器商店二人转 34

图表 2-10 办公室文秘的最爱 34

图表 2-11 运动员的天堂 34

图表 2-12 书虫的新窝 35

图表 2-13 超级市场的元老........................35
图表 2-14 健康食品的领头羊......................36
图表 2-15 在美华人的最爱........................37
图表 2-16 夜猫子的选择..........................37
图表 2-17 大病小灾离不开的地方..................38
图表 2-18 无言的便利............................38
图表 2-19 使用自动售卖机........................40
图表 2-20 药房导航..............................47
图表 3-1 坐公交离不开公交卡.....................56
图表 3-2 纽约城的公交卡自动充值售卡机有繁体中文界面......57
图表 3-3 加油站的服务...........................59
图表 3-4 美国汽油的价格都是标到 0.9 美分.........60
图表 3-5 选择信用卡自助加油.....................61
图表 3-6 柴油车加油跟汽油不能混.................62
图表 3-7 小心公路收费站.........................63
图表 3-8 电子缴费仪省时省心.....................64
图表 3-9 缴费站选通道...........................64
图表 3-10 一个典型的电力公司账单。..............71
图表 4-1 大面额钞票用起来不方便.................75
图表 4-2 典型的支票样本.........................76
图表 4-3 网上跨行转账...........................83
图表 4-4 一张中国银行的中文汇票.................85
图表 4-5 一张大通曼哈顿的现金支票...............86
图表 4-6 主要的信用卡网络和典型的信用卡样本......87
图表 4-7 使用 Apply Pay 付账....................94
图表 4-8 使用 Android Pay 或 Google Wallet 支付 94

图表 4-9 其它移动支付 95
图表 5-2 征信机构会给你的信用打分 100
图表 5-3 FICO 分数的构成 101
图表 6-3 有奖励和回扣的信用卡 108

引言

近几十年来，每年从中国到美国旅游、留学和定居的人数一直都在逐步上升。而随着中国人的收入的大幅增加，中美之间签证体系的简化以及十年旅游签证的推出，这几年上升的曲线骤然变陡，以每年大约20%的速度增加。每年到美国的人数从本世纪初的几十万增加到2014 年的两百多万。据美国商务部统计，到 2018 年，这个数字还要翻一番，超过四百万。同时，从中国赴美留学的人数也是急剧膨胀，据美国国际教育研究所发布的数据，2013-14 学年里中国赴美的留学生人数达到了创纪录的 27.4 万。年龄范围也从研究生延伸到中学生。其中相当一部分人不仅在留学期间会在美国长住四五年，毕业后还会在美国找工作以获得更多的实践经验。同时每年寒暑假，也有很多中小学生在家长老师的陪伴下到美国参加冬令营和夏令营。

在这些来到美国的人群里，无论是短期的旅游观光和会议展览，中期的学习培训，探亲访友，还是长期的定居移民，都面临着一个适应的过程。因为对美国习惯的不了解，有时带来不方便，有时可能会闹笑话，有时甚至会对生活带来不良的影响。比如，在中国习惯了到加油站就有人过来为你服务，但到美国的很多地方可能等半天也没有人来问你，而需要自己下车自助。又比如在一些节假日，中国的商家会趁机促销，但在美国却很可能是商店全部关门，一不小心会饿肚子。还比如大家都听说美国很多地方要给小费，但却往往搞不清楚到底什么时候给，给多少。

即使有不少人已经在美国住了一段时间，也还有很多地方仍需要深入了解。比如不少年轻人到美国留学，虽然在校园附近住了一两年甚至五六年，但走出象牙塔时却可能发现外面的世界又是别有风光。从找工作、养家糊口到个人发展、家庭规划又是需要全面学习。在中国的同龄人可以向家长朋友取经，但远在异国他乡的新移民们却往往只能自己摸索。

好在身为炎黄子孙，中国人自古就有互相帮助的传统。身在海外的华人旅游者和移民，也采用了各种办法各尽所能，互相提供方便。除了唐人街之外，在各个华人聚居的地方，都有大大小小的华人社区和华人协会。在各个大学，也都有华人学生会和社团。出国前，各家旅行社和英文培训机构为出国人员进行或多或少的旅行准备。网络上，各种各样的社区与问答也为大家提供形形色色五花八门的介绍与解答。但很多时候，这些信息往往显得分散与零乱，解答也是有的正确有的反而误导，因此大家急需一个全面系统的介绍。

鉴于以上原因，我们撰写了这本《赴美旅游生活金融指南》。本书的目的就是为大家提供一个全面的关于在美国旅游生活的金融财务方面的指南。简单地说，只要是跟钱有关的事情，基本上都可以在本书里找到答案。从小的方面的衣食住行，手机信用卡，纳税贷款，到大的工作、创业、理财、投资、保险，基本都有覆盖。当然，有很多话题，比如说到美国以后怎么纳税，或者如何在美国买房投资，又或者在美国如何开公司，其中每一个都可以是一本洋洋巨著或一个专家的终身职业。我们在这里提供的只是一个入口，为读者打开一扇大门，帮助他们找到正确的方向，少走弯路，同时能够鉴别出谁是真正可以提供专业建议的专家。

本书特色

1. 贴近生活。本书上册的目的是为了帮助初到美国的旅游者、商务人员、留学生和移民能够尽快自如地融入美国日常生活尤其是与金融有关的生活的方方面面，比如衣食住行，换汇取钱，购物付款等等。下册是帮助那些想长期在美国定居的移民和工作人员能够在金融方面有所发展，比如在工作上争取自己的福利与养老，生活中保护自己的信用与财产，财富上进行有效地投资与创业，等等。本书的两位作者各自在美国生活了二十多年，对美国的方方面面都十分了解。两个人在美国研究生毕业之后，都在公司和高校工作多年，自己也曾经创办过公司，各方面的经历十分丰富，也十分了解从游客到留学生到移民的各种金融问题与需求。
2. 内容权威。不管是书籍还是网络，现在市面上有不少到美国的游记攻略。但细看之下，大部分都属于走马观花，对美国日常生活的介绍是浮光掠影，有的还可能是以讹传讹。尤其是金融生活，很多时候还可能造成误导。对想了解美国的中国人和初到美国的旅游者或新移民带来疑惑和不便。本书的两个作者都在中国出生长大，赴美留学后各自都在美国生活了二十多年，而因为家庭和工作的原因又经常回中国。因此两人对太平洋两边的生活需求都有切身体会。同时，两个作者都是当地社区的积极分子和华人社团的领导者，经常帮助后来者答疑解惑，也经常接待从中国来的旅游者、出差人员和留学生，因此对初到美国的人的需求了如指掌。编写此书的初衷也是把不断重复的问题总结下来，统一放在一起，这样才能够帮助更多的人。

3. 形式贴心。首先，本书的内容分成上下两册，其中上册是针对即将赴美或初到美国对一切还没有找到方向的人量身定做的。而下册是为想在美国长期发展或想对美国深入了解的人特地准备的。这样大家可以根据自己的需要很容易地找到自己感兴趣的内容。其次，本书从头到尾采用问答的形式，每一小节就是对一个大家感兴趣的问题的回答，而这些问题的选择也是两位作者从跟大家交流的过程中以及自己的经历中总结出来的，都是比较重要比较切合实际的问题。作为对书中内容的补充，我们也将在本书的网站上持续不断地提供更多的信息，比如补充的问答，各种机构的链接，更新的表格和各种规章制度等等。

本书内容

本书的内容可以分作两大块。其中上册是针对即将赴美或初到美国时对一切还没有找到方向的人量身定做的。而下册是为想在美国长期发展或深入了解的人特地准备的。

上册内容

美国的钱币

- 认识美国的硬币和纸币。
- 了解怎样兑换美元，是要现钞还是现汇，。
- 知道怎样把钱带到美国，有什么注意事项，到了美国后怎么取钱。
- 了解反洗钱法规，不触犯法律。

如何购买商品

- 知道美国各种商店的区别，能够决定什么时候去什么商店，到了商店知道能买到什么东西。
- 对一些生活必需品如食品药品知道能从哪里买到。
- 对在美国买东西的一些常识有所了解。

购买服务

- 知道如何选择购买手机通讯服务，能够与中国的家人沟通。

- 对基本的衣食住行有所了解，能很快地融入美国的生活中。
- 对一些美国比较特别的地方比如支付账单和付小费的习惯能入乡随俗。

学会在美国支付

- 了解各种付款的方式，比如现金、支票、转账汇款、汇票、信用卡、借记卡等等。
- 知道在美国使用银联和移动支付与中国的异同。

获取信贷

- 知道如何选择并申请信用卡。
- 了解获得长期贷款和紧急资金的办法。
- 能够获取并解读自己的信用评级，若是不佳知道怎样修复。

下册内容

投资计划

- 形成基于个人价值观，优先考虑因素和目标的财富定义。
- 了解影响净资产值的各种因素。
- 比较把投资作为综合金融计划的一部分的策略。
- 设计可用于选择符合个人理财计划投资目标的评估策略。
- 多样化和资产配置之间的区别

退休规划

- 描述退休收入的各种来源，包括社会保障，雇主发起的退休储蓄计划和个人投资。
- 给出了雇主如何资助退休储蓄计划，和归属时间表对参与员工的例子。
- 说明怎么把货币时间价值的概念用于退休计划。
- 比较推迟退休投资的后果和早点投资的好处。

专业人士帮助

- 总结选择专业的财务顾问需要考虑的因素。
- 解释为什么个人或家庭可能需要律师财务咨询或代理咨询。
- 分析咨询税务顾问或财务策划师的必要性。

各种不同类型的考虑

- 评估财务信息是否客观、准确和现实。
- 讨论在不断变化的生活环境里，个人金融责任将如何因时间而改变。
- 比较财务责任，是否因有家属而不同。
- 考虑个人理财的决定，会如何影响到其他人。
- 制定备份财务计划，以应付生活中的重大变化，在失业，疾病，重大礼或继承时，怎么取得特定的财务目标。
- 说明影响净值的各种因素。

财务计划

- 发展个人理财计划，包括目标，消费储蓄计划，投资计划，保险计划，净资产表和遗产规划。
- 创建一个现金流量表，说明特定时期里现金流入和流出。
- 制定策略来监督个人财务计划，并根据需要和不断变化的情况，进行修改。

遗嘱礼物和遗产

- 列出一个简单遗嘱的主要组成部分。
- 学习当一个人死亡并没有有效遗嘱时，根据所在州的法律如何分配金钱和财产。
- 解释律师权利遗嘱（生前遗嘱）持久力的目的。
- 了解可做个人财产的潜在受益者的个人和慈善组织。

保险的种类

- 区分主要类型的汽车保险。
- 分析年轻人购买人寿，健康和残疾保险所适宜的条件。
- 推荐年轻人为应付各种可能面临的风险所需的险种。
- 调查医疗保险保单的要求。
- 确认政府对由于疾病、残疾或过早死亡等引起收入损失所提供的财政援助。
- 比较各种健康和残疾保险的来源，包括员工福利计划。
- 解释长期护理保险的目的。
- 总结房主或租房保险单的条款。
- 总结健康保险计划的条款。

保险公司

- 演示如何完成保险申请。
- 演示如何提出保险索赔。
- 描述保险公司在所在州对其业务的管理。
- 了解保险欺诈的后果。
- 确认各种合同元素的法律约束力。

成本和收益

- 列举何种情况下，适合采用自我保险。
- 评估延长保修期的成本和收益。
- 理解造成车险保费改变的因素。
- 了解居住州的法定最低汽车保险覆盖数额。
- 计算在排除汽车保险索赔的免赔额后，自己应付的数目。
- 确定影响房屋保险成本的因素。
- 分析影响租房者保险成本的因素。
- 制定一项应急计划，以应对突发事件，如汽车故障，手机丢失等，判断事件短期内对个人财物的影响。

美国做生意开公司有那些考虑?

- 讨论创业的风险，成本和回报。
- 商业计划的轮廓和主要组成部分。
- 公司有哪些形式和怎么选择。
- 成立公司要考虑什么。
- 公司税有那些。

可能影响工作和职业的因素

- 了解接受什么样的教育和学会什么样的技能，会直接影响其未来的工作收入能力和满意程度 。
- 知道赚多少工资或雇主支付多少薪水，决定于个人的技能、教育水平及市场人力资源供给和需求。
- 会分析经济和其它条件怎么影响收入和就业机会，了解终身培训自己和接受教育的重要性。
- 懂得非收入因素，如托儿所服务福利，基本生活费用，和工作条件等，如何影响就业选择。
- 根据个人利益、财务目标、生活方式制定职业生涯规划。

寻找工作

- 知道怎么写简历和求职信，能找到感兴趣的具体工作。
- 演示如何与雇主，谈判就业条件或补偿。
- 了解与雇主谈判，解决员工问题步骤。

员工福利

- 分析除了工资和薪金所得之外的员工福利价值。
- 列举各种不同的员工福利，并解释为什么它们也是一种工作报酬形式。
- 罗列雇主赞助的退休储蓄计划好处，和各种保健储蓄计划。
- 区分政府规定的、雇主必须提供的对退休计划的补贴和雇主自愿提供额外的好处。

影响收入的因素

- 学会计算维持现有生活标准所需要的未来收入。
- 解释通货膨胀对收入和购买力的影响。
- 列举各种退休收入来源。

投资种类

- 确定适合于不同投资目标类型，如流动性，收入和增长的倾向。
- 列举经济状况和商业因素，影响股票市场价值的例子。
- 计算和比较购买、拥有、销售各类股票、债券、共同基金和交易所交易基金的总费用。
- 能使用各种信息来源，包括招股说明书，在线资源和金融出版物，收集有关具体的投资数据。
- 比较各种渠道购买和销售的投资优缺点。

投资者的保护

- 识别投资欺诈犯的警示标志。
- 了解消费者是投资诈骗的受害者时，应采取的行动步骤。
- 利用信誉良好的政府和业界资源，找到关于本地投资咨询人的背景信息。
- 清楚个人投资者可以从若干机构接收各种类型的信息，帮助或保护。

专业人士帮助

- 总结选择专业的财务顾问需要考虑的因素。

- 解释为什么个人或家庭可能需要律师财务咨询或代理咨询。
- 分析咨询税务顾问或财务策划师的必要性。

法律法规

- 匹配州和联邦消费者保护法提供的保障，和要解决的实际问题。
- 了解协助解决消费者纠纷的资源。
- 展示正式消费者投诉的程序。
- 研究在哪里可以找到关于消费者的权利和义务最新信息的可靠来源。
- 研究怎么利用小额索赔法院申诉消费争议。
- 列举有权利调取某些个人财务数据的实体。

第 1 章 美国的钱

1.1 美元的硬币是什么样的？

在美国通常使用的硬币面值有

- 一美分， 英文名 penny 或者 cent，百分之一的意思。正面是打赢了美国南北内战，解放了黑奴的第十六任总统（1861-1865）亚伯拉罕·林肯的头像，背面是林肯纪念堂或者是一些关于他的纪念图案。颜色是黄铜色。

- 五美分， 英文名 Nickel，镍币的意思。它得名于早年制造它的主要材料，金属镍。正面是开国元勋，美国独立宣言的主要起草者，第三任总统（1801-1809），托马斯·杰弗逊的头像（早年的是侧面像，新版的是正面像），背面是他的故居 Monticello 或一些其它纪念图案。颜色是银白色。据说 2013 年时一个五美分的硬币造价九美分。

- 10 美分， 英文名 Dime，十分之一的意思。硬币正面是做了四任总统（1933-1945）的富兰克林· 罗斯福。他在前两任上把美国从三十年代的大萧条中拯救出来，在后两任上又带领美国打赢了第二次世界大战，成为世界霸权。硬币背面是一个橄榄枝、火炬和橡树枝的图案。10 美分是美元硬币里直径最小同时也最薄的硬币。

- 25 美分， 英文名 Quarter，四分之一的意思。与大多数国家不同，美国选择用四分之一元（25 分）而不是五分之一元（20 分）。据说是美国刚刚独立的时候，到处还通行着西班牙的银元。当时习惯把银元像切披萨饼一样切开获得更小的面值。切成一半、四分之一或八分之一比较容易。于是四分之一元就在美国流传下来成为定式。
  25 美分的正面是美国国父，开国总统乔治·华盛顿的头像。背面传统上是一只踩在橄榄枝上的美国国鸟白头鹰的形象。从 1999 到 2008 年，又发行了一系列纪念五十个州的 25 美分硬币，把背面改成各个州的典型形象。从 2010 年起到 2021 年，又发行一系列“美丽美国”的背面形象。所以，你可能看到的 25 美分硬币种类是最多的。有很多人也想方设法收集全套的系列硬币。需要说明的是，这些硬币都是正常可以流通的硬币，而不是特殊的纪念币。不管图案如何，所有的 25 美分颜色都是银白色。
  25 美分是美国流通最广的硬币，上个世纪在移动或电子支付普及之前，很多地方的投币设施（比如公用电话、自助洗衣房、自动贩卖机等）都只收 25 美分。还有很多的游戏币也是仿照 25 美分来制作。

- 50 美分，英文名 Half Dollar，半美元的意思。50 美分的正面是美国的第三十五任（1961-1963）总统约翰·肯尼迪。背面是美国总统的印章图案。50 美分是美元硬币里个头最大的，但基本上很少流通。即使你去银行也不一定总能换到 50 美分的硬币。有些旅游景点甚至会加价卖给你。50 美分也是银白色的。

- 一美元，英文名dollar。一美元硬币不如其纸币那么常见，但也有不少。它有两种，一种是银色的，另一种是金色的，日常流通里两种都能见到。银色一美元的正面一般是苏珊·安东尼，一个著名的美国妇女活动家。背面是一只作势待飞的白头鹰。金色一美元的正面是莎卡嘉薇亚（Sacagawea），一名印第安妇女。她在美国建国时帮助美国探险家刘易斯和克拉克打通了去太平洋的道路。对于美国来说，刘易斯和克拉克的功绩相当于中国西汉时的张骞通西域。金色一美元的背面是一只翱翔的白头鹰。

为了让大家容易区分，很多国家特意把硬币的大小跟它的面值联系起来，越大的硬币越值钱。但在美国，事情却不是这样。美元硬币里大个的不一定更值钱。比如一毛钱（Dime)就比五分（Nickel）的硬币要小，而最大尺寸的硬币是五毛钱，比一美元的要大很多。

另外，美国与中国一个非常不同的地方就是两毛五（Quarter，原意四分之一）的广泛使用。传统上，英制单位里经常使用广义的二进制。也就是说，在定义了一之后，下一个单位不是十分之一，而是一半，或一半的一半，或一半的一半的一半的一半。比如，一块钱是四个25美分（1 dollar = 4 quarters)，一加仑水是四夸脱或八品脱（1 gallon = 4 quart = 8pint)，一磅是十六盎司（1 pound = 16 ounce）。

两毛五的硬币可以说是流通最广泛的硬币了。在过去信用卡和电子货币使用还不是最广泛的时候，谁都要随身或随车带一些两毛五的硬币。

周末去洗衣房洗衣服，开车在路边停车，学校里在自动售卖机里买饮料零食，都需要用两毛五的硬币。很多人往往到银行直接兑换十元，也就是四十个一筒的 Quarter 硬币，存在汽车的杂物箱里随时备用。现在很多大中城市都可以接受信用卡了，但在一些偏远的小镇，基础设施的改进没有那么迅速，随身准备一些两毛五的硬币以备不时之需还是很有必要的。

图表 1-1 可以到银行兑换的硬币筒

假如你到银行里换取硬币，通常会拿到一个个纸筒，叫做 coin wrappers. 图示是最常见的几种。分别是四十个二十五分，五十个一毛，四十个五分，五十个一分。

1.2 美元的钞票是什么样的？

大家对美元的纸币一般都不陌生。即使没有真的拿到过手里，也经常在影视剧里或各种图片里见过。美国常用的纸币有:。

- **$1**，一美元。正面的头像是开国总统乔治·华盛顿，背面是大大的一字（ONE）。一美元可以算是大家用得最多的美钞品种了。流通领域里，面值最高的硬币是一美元，面值最小的纸币也是一美元。 一美元的纸币和一美元的硬币一样值钱。
- **$2**，二美元。正面的头像是第三任总统托马斯·杰弗逊，背面是当年签署独立宣言的场景。在市面上我们一般看不到两美元的纸币流通。因为两美元的纸币比其它纸币印得少很多，所以一有两美元出现，大家就会把它收藏起来。从 1966 年到

1976 年，二美元甚至停止发行了一段时间。近些年，随着华人在美国地位的上升，美国印钞局每年春节的时候都会发行一些新的二美元钞票，镶在有生肖图案的边里或红包里，跟大家一起庆祝中国新年。

- $5，五美元。正面是亚伯拉罕·林肯的头像。背面是林肯纪念堂。跟一美分的设计相似。
- $10，十美元。正面是美国第一任财政部长亚历山大·哈密尔顿，背面是美国财政部的大楼。哈密尔顿是美元纸币上仅有的两个没当过总统的人之一。
- $20，二十美元。正面的头像是第七任总统安德鲁·杰克逊，背面是白宫。杰克逊可能在中国人里不太出名，但他在 1812 年战争中率领当时尚属弱小的美军在新奥尔良战役中决定性地战胜了当时强大的英军，后来又一手创建了民主党。但对于发行美元的美联储来说，他最大的功绩就是否决并终止了美国中央银行，为以后美联储的出现铺平了道路。
- $50，五十美元。正面的头像是第十八任总统尤利西斯·格兰特，背面是国会山。熟悉美国历史的人都知道格兰特总统是美国南北内战中率领北军获得胜利的将军。而五十美元也是在南北战争时开始发行的。由于在当时相对数额巨大，1861 年第一次发行的时候是当国债来卖，每天利息一分钱。到了 1862 年才正式作为纸币流通。
- $100，一百美元。正面的头像是美国的开国元勋本杰明·富兰克林。他虽没当过总统，但也是美国国父之一，被称为“第一个美国人”。作者在美国的母校宾夕法尼亚大学也是富兰克林一手创办的。为了纪念他，在校园里有一个富兰克林坐在长凳上审阅美国独立宣言的铜像。如果你有空去宾大参观，一定要去这个长凳上坐坐，跟富兰克林合个影，对个话， 一起探讨一下财富的真谛。一百元的背面是费城的独立厅。1776 年在这里美国十三州宣布独立并通过了独立宣言，1787 年又是在这里起草通过了美国宪法。

过去不管面值如何，美元都是同样颜色，同样大小，绿油油的一沓。为此，美元的易用性和安全性也是常常被人诟病。从本世纪初开始，五元以上的纸币都变成彩色的了，同时还增加了很多安全防伪功能。当然基本色调还是绿的。

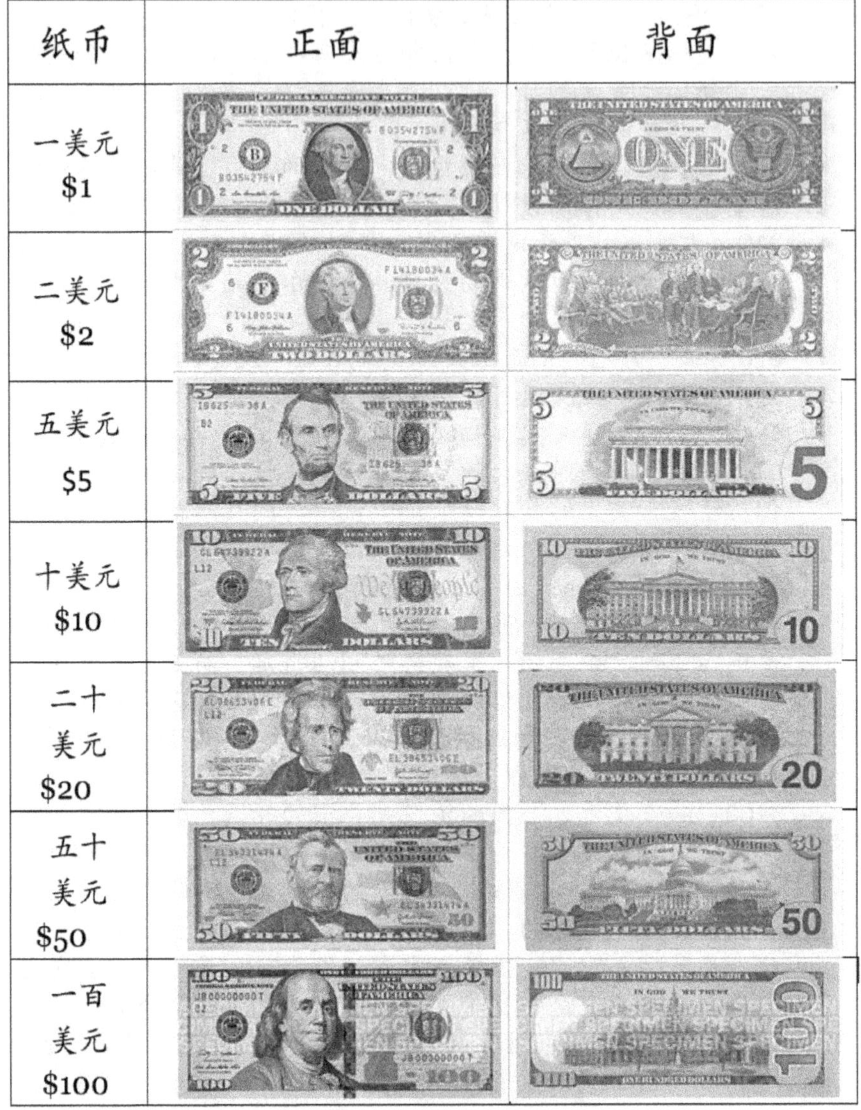

纸币	正面	背面
一美元 $1		
二美元 $2		
五美元 $5		
十美元 $10		
二十美元 $20		
五十美元 $50		
一百美元 $100		

图表 1-2 流通的纸币

1.3 美元钞票的最大面额是多少？

历史上美元最大的钞票面额是十万（$100,000）。但是你肯定拿不到它。首先，它只是在 1934 年的十二月到 1935 年的一月之间发行过。其次它只是在政府部门之间使用，没有对外公开发行过。对于普通人来说拥有它是违法的。如果有一个人跟你说他有一张十万美元的钞票，那肯定假的。但如果有一个人的收藏里面有五百，一千，五千，甚至一万美元的钞票，他可能并没有开玩笑。当然谁要是向你兜售这些大额钞票的话，那肯定是骗你的。就像早年版本的人民币一样，这些钞票早就不流通了，而是成为了收藏家的宝贝。

图表 1-3 一万美元和十万美元的纸钞

1.4 美国的钱是在哪里造的？

在美国是由印钞局（BEP）来印纸币，由美国铸币厂(US Mint)来造硬币。印钞局和美国铸币厂都隶属于美国财政部。

每天印钞局要印大概两千万张纸币，加起来的总面值超过五亿美元。他们的工作就是印钱！根据他们的网站（moneyfactory.gov），在2012 年他们印了

- 1 美元纸币：2,022,400,000 张（大概二十亿张）
- 2 美元纸币：134,400,000 张（大概一亿三千四百万张）
- 5 美元纸币：729,600,000 张（大概七亿三千万张）
- 10 美元纸币：652,800,000 张（大概六亿五千三百万张）
- 20 美元纸币：1,568,000,000 张（大概一亿五千七百万张）
- 50 美元纸币：246,400,000 张（大概两亿四千六百万张）
- 100 美元纸币：3,027,200,000 张（大概三十亿张）

根据美国铸币厂的网站 (usmint.gov)，他们在 2014 年铸造了

- 1 分钱 ：8146 百万个 （八十一亿四千六百万个）
- 5 分钱：1206 百万个（十二亿零六百万个）
- 10 分钱（一毛钱）：2302 百万个（二十三亿零两百万个）
- 25 分钱（两毛五分钱）：1580 百万个（十五亿八千万个）
- 50 分钱 （5 毛钱）：4.6 百万个（四百六十万个）
- 1 美元：44 百万个（四千四百万个）

看出来了吧，五毛钱的硬币做得最少。你要是看到的话，不妨赶紧收藏一个吧。

还有，美国印钞局和铸币厂都对外开放参观。印钞局在华盛顿和德克萨斯都有工厂。美国铸币厂设在费城。华盛顿的印钞局离华盛顿纪念碑不远，而费城的铸币厂在独立厅和自由钟附近。你要是有机会游览美东，不妨抽时间去逛逛这两处，亲眼看看美元是怎么造的。

1.5 怎么进行货币兑换？

中国的官方货币是人民币，美国的是美元。你要是拿着人民币到美国去，除了极个别的地方，估计你是一分钱也花不出去。所以，去美国之前的一件重要任务就是兑换足够的美元。

在中国兑换美元最常见的办法就是到银行去兑换了。各大行的支行营业厅一般都有外币兑换服务。一般他们会在银行外面放有类似“外币代兑机构”的牌子或标示。如果没有的话，可能你就要换一个营业厅或银行了。

图表 1-4本外币兑换统一服务标识

只要你看到这个由中国国家外汇管理局制定的中国境内个人本外币兑换统一服务标识，就知道可以兑换美元了。

在大中城市比如北上广深，如果你只需要几十或几百美元的话，大多数情况下你都可以去找任何一家支行兑换。但如果你在二三线城市或县乡城镇，或者你需要进行大额的外币兑换，你就要事先跟银行预约，告诉他们你想要兑换的额度。这样他们好从总部调来相应的头寸，到了跟你约定的日子才能有美元给你。毕竟在中国用美元的人不多，个个营业厅没必要存着那么多的美元现金，既占用资金又增加危险。

就像办理任何跟银行有关的事情，兑换之前你要先准备好身份证或户口簿或其它相关有效证件。当然，要是你从你自己的银行账户里取钱的话，还要拿上银行卡。根据现有的《个人外汇管理办法》，每个人一年最多只能兑换 5 万美元。要想多换，就要有特别的原因，过一些特别的手续。这种情况，最好到银行柜台实地咨询当时的政策。

定期存款
通知存款
公益捐款
转账汇款
私人银行
账户商品
账户外汇
网上贵金属
网上债券
结售汇
信用卡服务
网上汇市
工银e支付
工银信使
电子银行注册
>> 结售汇 > 操作指南
操作指南
结售汇业务，是指个人客户通过网上银行办理结售汇交易，并可在线查询结售汇交易明细信息。
若您需要跨境汇款，可在网银“向境外银行汇款”栏目跨境汇款过程中购汇，无需提前购汇。
若您需要取外币现钞，建议现在“网上预约”-“网点预约”中进行预约，一约早安心。
购汇
是指客户通过网上银行提交指定用途用汇的申请并在规定限额内向银行购买外汇的业务。
结汇
是指客户通过网上银行向银行提交结汇的申请并在规定限额将外币兑换为人民币的业务。
交易明细查询
提供客户在线查询、打印结售汇交易详细信息。

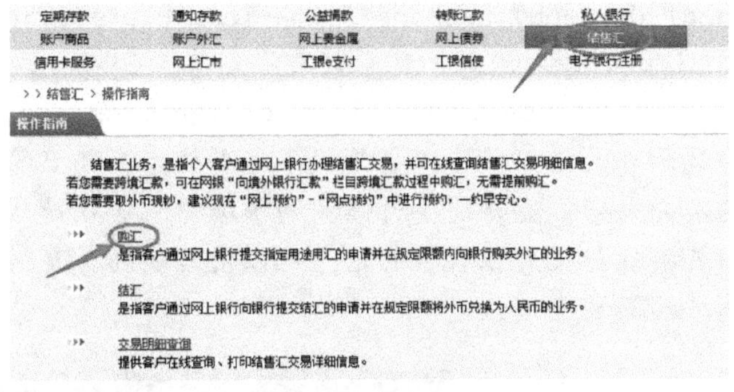

图表 1-5 网银购汇入口

这是中国工商银行网银的结售汇入口。选择购汇来购买美元。

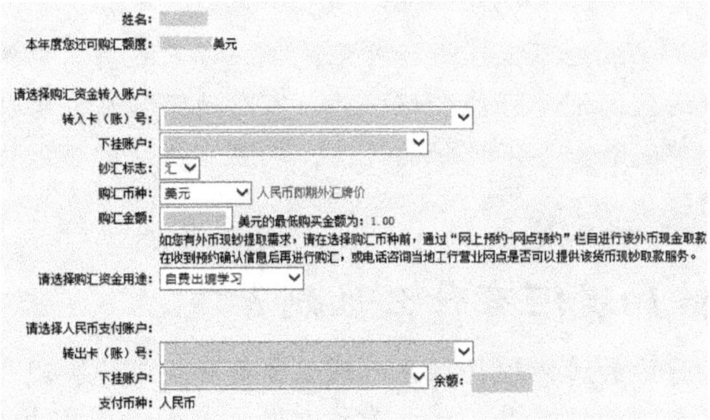

姓名:
本年度您还可购汇额度: 美元
请选择购汇资金转入账户:
转入卡（账）号:
下挂账户:
钞汇标志: 汇
购汇币种: 美元
人民币即期外汇牌价
购汇金额:
美元的最低购买金额为: 1.00
如您有外币现钞提取需求，请在选择购汇币种前，通过“网上预约-网点预约”栏目进行该外币现金取款
在收到预约确认信息后再进行购汇，或电话咨询当地工行营业网点是否可以提供该货币现钞取款服务。
请选择购汇资金用途: 自费出境学习
请选择人民币支付账户:
转出卡（账）号:
下挂账户:
余额:
支付币种: 人民币

图表 1-6 网银购汇界面

中国工商银行网银的购汇界面。其它银行于此大同小异。按现有规定，每年每人最多可以购买五万美元的外汇。用途根据自己情况选择。

另外一种兑换美元的办法就是进行网上兑换。既省却了去银行排队等待的时间，又没有在路上身揣巨额美元现金的危险。上面的两个截屏里我们给出了中国工商银行的网银界面。其它各个银行网银的兑换界面虽不会完全一样，却也是大同小异。需要注意的是由于中国人民银行只在白天营业，也就是说外汇牌价只在白天有效，因此即使你使用网银，外币兑换也不是二十四小时的。大多数银行要求你在早八点到晚八点之间操作。其它时间关闭这个功能。

要是你身在美国的机场或一些世界性的旅游景点，而急需一些美元现金，你也可以找当地的货币兑换处兑换。常见的几家有 International Currency Exchange, American Express Foreign Exchange 和 Travelex。当然，如果你看不到这些公司，只要看到类似的地方，写着 Currency Exchange 或 Foreign Exchange 等， 再有一些汇率显示屏的话，就可以去兑换了。当然，在那里的汇率跟在银行比肯定不会太好，有时还要付高额的手续费。这就是你付出的方便的代价。其实你如果有银联卡的话，可以用当地的 ATM 机随时兑换。具体方法参见后面的介绍。

图表 1-7 两个国外的连锁货币兑换公司的标识

有些人会找黄牛或地下钱庄进行外汇兑换，以前也有人在淘宝上兑换，有时黄牛或淘宝的汇率可能会好一些，有时地下钱庄能够躲避监管。但这往往会伴随着一些不可知的风险，而且有违法的可能性。我们不建议这么做。

1.6 现钞和现汇有什么区别？

在查看外汇牌价的时候你往往会听到现钞价和现汇价。现钞的意思就是你能拿到手的外汇钞票，对于美元来说，当然就是绿油油的美元钞票了。如果你拿着美元到中国的银行开户，他们就会给你开一个现钞户头。如果你去银行兑换美元钞票，你拿到的也是现钞。但要是你并不要钞票，而只是把你银行账户上的人民币换成美元继续存在另一个账户里而不取出来，或者有国外的人把美元用支票或汇款寄给你，你开的就是现汇账户。这时候银行都是把他们的美元卖给你，你拿到的牌价就是现钞或现汇卖出价。

货币名称	现汇买入价	现钞买入价	现汇卖出价	现钞卖出价	中行折算价
美元	657.98	652.71	660.62	660.62	656.46

你如果从美国回到中国，想把手头的美元现金换成人民币，你实际上是把它卖给银行。银行就会根据现钞买入价买下你手里的美元现金。但你要是手里拿的是一张支票，银行兑换的汇率就是现汇买入价。

为什么现汇买入价要高于现钞买入价呢？当银行买入现汇时，可以直接将其存到他的外汇账户中，还可以马上划拨到他的国外银行账户中，一切都可以电子化进行，没有时间或物理上的损失。但他们要是买进外汇现钞，比如美元，他们需要清点无误，派专人转运到总行或指定的存放地点，有些在窗口在卖给需要美元的人，有些在凑够一定数量之后再存到国外银行。伴随着这一切的就是时间上和物理上的损失以及各种管理和流通的成本。因此需要把这些损失和成本分摊到卖出现钞的人身上。

外汇的卖出牌价也永远比买入牌价来得高。你可以把美元看成跟手机充值卡一样的商品或工具，你出国时需要使用这个工具，就去银行或外币兑换处购买，价格就是他们的卖出价。当你回国还有些剩余时，到银行去把这些剩下的美元退货，也就是再把它们兑换成人民币。银行肯定不会按原价再收回来，要收点手续费，这个手续费就是银行买入价跟卖出价之间的差价了。由于收回现钞比收回现汇麻烦许多，自然这个手续费就要多一些。也就是现钞买入价要低一些。

1.7 携带美元到美国需要注意什么？

从中国带钱去美国，就像人的旅行一样，要经过中国海关和美国海关两道关口。从中国海关是带出中国，从美国海关是带入美国。

对于带出中国，根据 2003 年 9 月 1 日施行的《携带外币现钞出入境管理暂行办法》，中国居民携带五千美元及以内现钞出境不需要申报，而携带五千美元以上一万美元及以内现钞则需要向银行申请“携带外汇出境许可证”（携带证），而“原则上不得携带超过等值一万美元外币现钞出境。如因特殊情况确需携带超过等值一万美元外币现钞出境，应当向存款或购汇银行所在地外汇局申领《携带证》。”

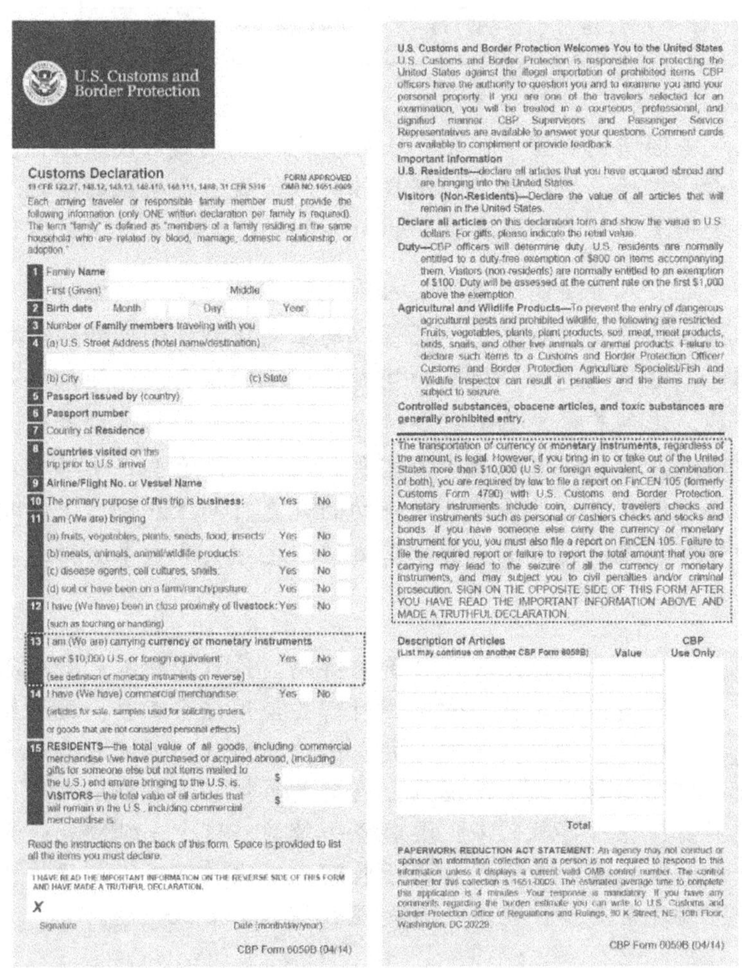

U.S. Customs and Border Protection

Customs Declaration

19 CFR 122.27, 148.12, 148.13, 148.110, 148.111, 1498; 31 CFR 5316

FORM APPROVED
OMB NO. 1651-0009

Each arriving traveler or responsible family member must provide the following information (only ONE written declaration per family is required). The term "family" is defined as "members of a family residing in the same household who are related by blood, marriage, domestic relationship, or adoption."

1 Family **Name**
First (Given) Middle
2 **Birth date** Month Day Year
3 Number of **Family members** traveling with you
4 (a) U.S. Street Address (hotel name/destination)
(b) City (c) State
5 **Passport issued by** (country)
6 **Passport number**
7 Country of **Residence**
8 **Countries visited** on this trip prior to U.S. arrival
9 **Airline/Flight No.** or **Vessel Name**
10 The primary purpose of this trip is **business**: Yes No
11 I am (We are) bringing
(a) fruits, vegetables, plants, seeds, food, insects: Yes No
(b) meats, animals, animal/wildlife products: Yes No
(c) disease agents, cell cultures, snails: Yes No
(d) soil or have been on a farm/ranch/pasture: Yes No
12 I have (We have) been in close proximity of **livestock**: Yes No
(such as touching or handling)
13 I am (We are) carrying **currency or monetary instruments** over $10,000 U.S. or foreign equivalent: Yes No
(see definition of monetary instruments on reverse)
14 I have (We have) commercial merchandise: Yes No
(articles for sale, samples used for soliciting orders, or goods that are not considered personal effects)
15 **RESIDENTS**—the total value of all goods, including commercial merchandise I/we have purchased or acquired abroad, (including gifts for someone else but not items mailed to the U.S.) and am/are bringing to the U.S. is: $
VISITORS—the total value of all articles that will remain in the U.S., including commercial merchandise is: $

Read the instructions on the back of this form. Space is provided to list all the items you must declare.

I HAVE READ THE IMPORTANT INFORMATION ON THE REVERSE SIDE OF THIS FORM AND HAVE MADE A TRUTHFUL DECLARATION.

X

Signature Date (month/day/year)

CBP Form 6059B (04/14)

U.S. Customs and Border Protection Welcomes You to the United States
U.S. Customs and Border Protection is responsible for protecting the United States against the illegal importation of prohibited items. CBP officers have the authority to question you and to examine you and your personal property. If you are one of the travelers selected for an examination, you will be treated in a courteous, professional, and dignified manner. CBP Supervisors and Passenger Service Representatives are available to answer your questions. Comment cards are available to compliment or provide feedback.

Important Information

U.S. Residents—declare all articles that you have acquired abroad and are bringing into the United States.

Visitors (Non-Residents)—Declare the value of all articles that will remain in the United States.

Declare all articles on this declaration form and show the value in U.S. dollars. For gifts, please indicate the retail value.

Duty—CBP officers will determine duty. U.S. residents are normally entitled to a duty-free exemption of $800 on items accompanying them. Visitors (non-residents) are normally entitled to an exemption of $100. Duty will be assessed at the current rate on the first $1,000 above the exemption.

Agricultural and Wildlife Products—To prevent the entry of dangerous agricultural pests and prohibited wildlife, the following are restricted: Fruits, vegetables, plants, plant products, soil, meat, meat products, birds, snails, and other live animals or animal products. Failure to declare such items to a Customs and Border Protection Officer/Customs and Border Protection Agriculture Specialist/Fish and Wildlife Inspector can result in penalties and the items may be subject to seizure.

Controlled substances, obscene articles, and toxic substances are generally prohibited entry.

The transportation of currency or **monetary instruments**, regardless of the amount, is legal. However, if you bring in to or take out of the United States more than $10,000 (U.S. or foreign equivalent, or a combination of both), you are required by law to file a report on FinCEN 105 (formerly Customs Form 4790) with U.S. Customs and Border Protection. Monetary instruments include coin, currency, travelers checks and bearer instruments such as personal or cashiers checks and stocks and bonds. If you have someone else carry the currency or monetary instrument for you, you must also file a report on FinCEN 105. Failure to file the required report or failure to report the total amount that you are carrying may lead to the seizure of all the currency or monetary instruments, and may subject you to civil penalties and/or criminal prosecution. SIGN ON THE OPPOSITE SIDE OF THIS FORM AFTER YOU HAVE READ THE IMPORTANT INFORMATION ABOVE AND MADE A TRUTHFUL DECLARATION.

Description of Articles (List may continue on another CBP Form 6059B)	Value	CBP Use Only
Total		

PAPERWORK REDUCTION ACT STATEMENT: An agency may not conduct or sponsor an information collection and a person is not required to respond to this information unless it displays a current valid OMB control number. The control number for this collection is 1651-0009. The estimated average time to complete this application is 4 minutes. Your response is mandatory. If you have any comments regarding the burden estimate you can write to U.S. Customs and Border Protection Office of Regulations and Rulings, 90 K Street, NE, 10th Floor, Washington, DC 20229.

CBP Form 6059B (04/14)

图表 1-8 海关申报表格

所有入境人员每家都需要填写一份这个表格。携带总计超过一万美元的现金和票据时需要在第十三栏申报。同时还需要填写 105 表。

FinCEN Form **105**
(Formerly Customs Form 4790)
(Rev. July 2003)
Department of the Treasury
FinCEN

▶ **Please type or print.**

DEPARTMENT OF THE TREASURY
FINANCIAL CRIMES ENFORCEMENT NETWORK

REPORT OF INTERNATIONAL TRANSPORTATION OF CURRENCY OR MONETARY INSTRUMENTS

OMB NO. 1506-0014

▶ To be filed with the Bureau of Customs and Border Protection
▶ For Paperwork Reduction Act Notice and Privacy Act Notice, see back of form.

31 U.S.C. 5316; 31 CFR 103.23 and 103.27

PART I FOR A PERSON DEPARTING OR ENTERING THE UNITED STATES, OR A PERSON SHIPPING, MAILING, OR RECEIVING CURRENCY OR MONETARY INSTRUMENTS. (IF ACTING FOR ANYONE ELSE, ALSO COMPLETE PART II BELOW.)

1. NAME *(Last or family, first, and middle)*
2. IDENTIFICATION NO. *(See instructions)*
3. DATE OF BIRTH *(Mo./Day/Yr.)*
4. PERMANENT ADDRESS IN UNITED STATES OR ABROAD
5. YOUR COUNTRY OR COUNTRIES OF CITIZENSHIP
6. ADDRESS WHILE IN THE UNITED STATES
7. PASSPORT NO. & COUNTRY
8. U.S. VISA DATE *(Mo./Day/Yr.)*
9. PLACE UNITED STATES VISA WAS ISSUED
10. IMMIGRATION ALIEN NO.

11. IF CURRENCY OR MONETARY INSTRUMENT IS ACCOMPANIED BY A PERSON, COMPLETE 11a OR 11b

A. EXPORTED FROM THE UNITED STATES		B. IMPORTED INTO THE UNITED STATES	
Departed From: *(U.S. Port/City in U.S.)*	Arrived At: *(Foreign City/Country)*	Departed From: *(Foreign City/Country)*	Arrived At: *(City in U.S.)*

12. IF CURRENCY OR MONETARY INSTRUMENT WAS MAILED OR OTHERWISE SHIPPED, COMPLETE 12a THROUGH 12f

12a. DATE SHIPPED *(Mo./Day/Yr.)*
12b. DATE RECEIVED *(Mo./Day/Yr.)*
12c. METHOD OF SHIPMENT *(e.g. u.s. Mail, Public Carrier, etc.)*
12d. NAME OF CARRIER
12e. SHIPPED TO *(Name and Address)*
12f. RECEIVED FROM *(Name and Address)*

PART II INFORMATION ABOUT PERSON(S) OR BUSINESS ON WHOSE BEHALF IMPORTATION OR EXPORTATION WAS CONDUCTED

13. NAME *(Last or family, first, and middle or Business Name)*
14. PERMANENT ADDRESS IN UNITED STATES OR ABROAD
15. TYPE OF BUSINESS ACTIVITY, OCCUPATION, OR PROFESSION
15a. IS THE BUSINESS A BANK? ☐ Yes ☐ No

PART III CURRENCY AND MONETARY INSTRUMENT INFORMATION (SEE INSTRUCTIONS ON REVERSE)(To be completed by everyone)

16. TYPE AND AMOUNT OF CURRENCY/MONETARY INSTRUMENTS		17. IF OTHER THAN U.S. CURRENCY IS INVOLVED, PLEASE COMPLETE BLOCKS A AND B.
Currency and Coins ▶	$	A. Currency Name
Other Monetary Instruments *(Specify type, issuing entity and date, and serial or other identifying number.)* ▶	$	
(TOTAL) ▶	$	B. Country

PART IV SIGNATURE OF PERSON COMPLETING THIS REPORT

Under penalties of perjury, I declare that I have examined this report, and to the best of my knowledge and belief it is true, correct and complete.

18. NAME AND TITLE (Print)
19. SIGNATURE
20. DATE OF REPORT *(Mo./Day/Yr.)*

CUSTOMS AND BORDER PROTECTION USE ONLY				COUNT VERIFIED Yes ☐ No ☐	VOLUNTARY REPORT Yes ☐ No ☐
DATE	AIRLINE/FLIGHT/VESSEL	LICENSE PLATE STATE/COUNTRY	NUMBER	INSPECTOR *(Name and Badge Number)*	

FinCEN FORM 105
(Formerly Customs Form 4790)

图表 1-9 FinCEN Form 105 表格

携带总计超过一万美元的现金和票据时需要申报。申报时填写这个表格。

对于带入美国，估计很多人都听说了过海关时钱被没收的新闻和传言。实际上，美国海关条例对于带进美国或者带出美国的钱数是没有限制的。但是随身携带超过一万美元以上的美元现金或是票据，在入关时一定要申报，如果蓄意不申报被发现将全数没收。当然携带 1 万以下美元现金和票据则不需要申报。申报本身并不会导致任何的税款，美国政府也不会管你带的钱到美国后怎么花，但是超过金额不申报则可能导致没收、罚款甚至坐牢的后果。这里要注意的是一万美元包括各种现金（比如美元、人民币、欧元等）和各种票据（比如旅行支票、汇票、签好字的支票等等）。申报时需要填写一个叫做 FinCEN Form 105 的表格，交给美国海关与边防保卫局。你可以在飞机上向乘务员索取。另外需要注意的是申报是以一个家庭为单位。一万美元的门槛是针对整个家庭的。也就是说，只要一家所有人加起来携带的超过一万美元就要申报。

万一因为没有及时申报导致携带的资金被没收，根据美国法律的规定，可以在 30 天内进行说明或者上诉。如果能用文件来证明这笔资金的合法来源和合法用途，还是有很大可能被退还或者部分退还的。一般来说海关会扣留全款的 10%到 20%作为保管费。当然这个过程需要一定的时间，准备文件也可能比较繁琐。花费的律师费用也不会少。你要是带很大一笔钱进入美国，除了入关时依法申报之外，最好也能携带证明这些钱是合法来源的文件，如卖屋文件、银行存款证明等，以防万一。

1.8 怎么电汇美元到美国？

电汇，英文名叫 Wire Transfer，是从中国直接转账汇款到美国。这种方式适合大额汇款，通常 24 小时内可以到账。汇款手续费（wire transfer fee)一般在 15 到 30 美元之间。注意这里的手续费经常是两笔，一笔是汇出(out bounding)的银行收取的，另一笔是收到(in bounding)的银行收取的。有时候，如果你是该银行的 VIP 客户或加入了他们的一些特殊计划，有可能把你的手续费免除（waved)。

在电汇之前，你要在美国有个银行账户。具体开户的办法详见后面关于银行的部分。这里要说明的是，一般只要你有两个能证明你身份的证件，比如护照加上驾照或中国身份证，不需要是美国公民或持有美国绿卡，你就可以在美国的银行开户。

开好户之后，你就可以请中国的亲友汇款到这个账户。当然，你也可以直接在你的国内银行的网银上操作。你需要向美国的银行询问他们的地址和 SWIFT 号码。在向他们咨询时，你可以用下面这个表格作参考。当然你需要用英文书写。

Bank Name（银行名称）:

Bank Address （银行地址）:

SWIFT code （银行代码）:

Beneficiary Name（收款人的姓名）:

Beneficiary Address（收款人的地址）:

Bank Account No.（收款人的银行账号）:

当然，你要是想从美国向中国的亲友汇款，也要让中国的亲友把这些信息找全告诉你。下面是一个从中国银行向境外汇款的截屏。

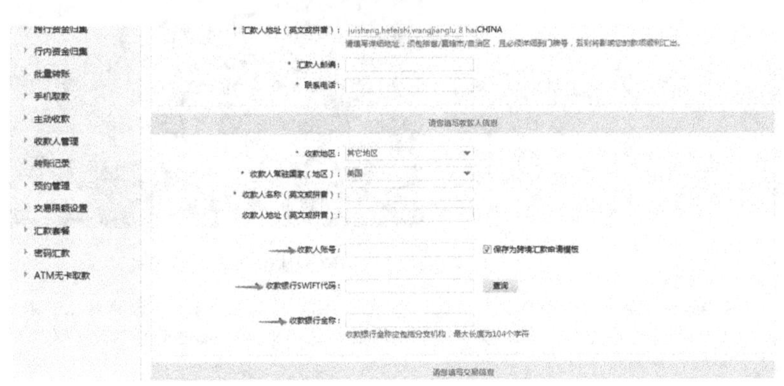

图表 1-10 向境外转账汇款的网银操作

向境外转账汇款时需要把收款银行的名称和 SWIFT 码，以及收款人的姓名、地址和账号都搞清楚。

值得一提的是，由于和美国的美洲银行(Bank of America，缩写 BOA)曾经是中国建设银行的战略投资者，所以两个银行之间有一些优惠协定。

如果你在中国建设银行和美洲银行都有户头的话，从建行的银行户头向美洲银行的银行户头电汇，单日 2000 美元以下，单月 4000 以下，单月汇款次数 3 次以下不收手续费。只是不知这个优惠能持续多久，汇款之前最好向其中的一个银行咨询一下。

1.9 如何用银行卡在美国取现？

用银行卡（包括借记卡和信用卡）取现是美国人获得现金的最主要的办法。拿着你的银行卡，到任何一台 ATM 机上，都可以取出现金。这个跟中国基本相同。细节上要注意的是：

1. 银行里面的 ATM 一般是“先插卡，再命令操作，后吐卡”，而便利店或其它地方的往往是“先插卡，再吐卡，后进行命令操作”。有时要是连续进行好几个操作，可能要输入若干次密码，或者插几次卡。主要的原因是为了保护用户的安全。
2. 由于美国是一个移民国家，因此银行的客户说什么语言的都有。为了方便客户，大部分大银行的 ATM 机均安装有中文操作界面，你可以选择中文进行操作。

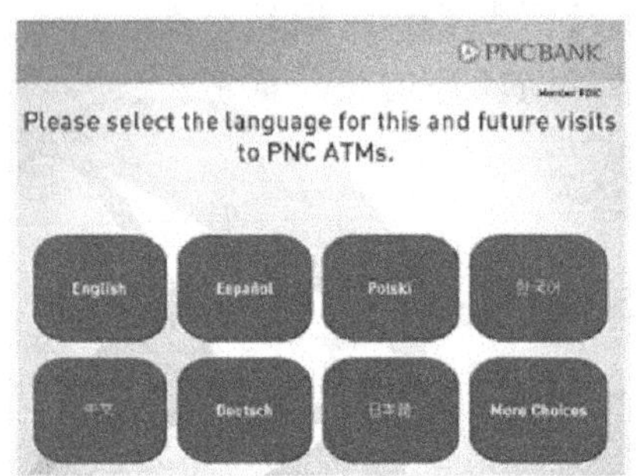

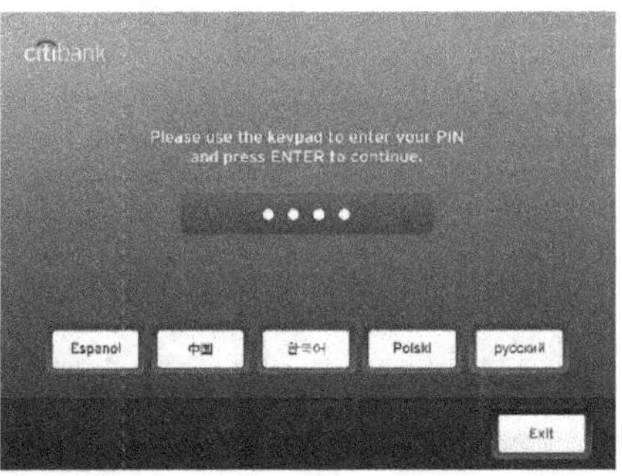

图表 1-11 两个不同风格的 ATM 机语言选择界面

左边的是 PNC 银行，右边的是花旗银行。你只要选择中文即可。根据主要客户群体的不同，有的银行的中文界面可能是繁体，有的银行的中文词汇可能与中国大陆使用的不太一致，但基本上都能猜个八九不离十。

3. 如果你在你的银行卡开户行的 ATM 机上取款，一般没有手续费。但你要是去其它银行的机器上取现，有可能被收取两笔手续费。一笔是你的银行卡开户行收取的，另一笔是 ATM 机的银行收取的。参加一些银行的优惠活动有可能帮你省掉这些手续费。

4. 只要是同一家银行的 ATM 机，即使你跨州取现，也不会收取手续费。
5. 几乎所有的 ATM 机都会设置单笔的取款上限，一般是三百到八百之间。有的还会有单日的取款上限，一般是从几百到几千。
6. 几乎所有的 ATM 机都只能取出二十美元的纸钞。要获取其它面额则需要到柜台去办理。
7. 借记卡取现是从你的银行账户里取钱出来。除了手续费之外，没有成本。但你要是用信用卡取现，相当于向银行借钱，因此除了手续费之外，还要被收取利息。若是晚了，还会有滞纳金。因此我们建议不到万不得已，不要用信用卡取现。
8. ATM 机有不同的种类。有的比如街头或小店里的很简单，只能查账和取钱。而有的比如花旗银行在一些 7-11 便利店里设置的大型 ATM 机则可以基本取代当地营业厅的服务，比如存取款，转账，缴费，等等。
9. 现在中国有很多银行发行双币卡甚至多币卡。在双币卡的美元账户上上存入足够的美元，就可以在美国的 ATM 机上直接取出来。

图表 1-12 接受银联卡的 ATM 机

美国 90%的 ATM 机都接受以 62 开头的银联卡。即使没有银联标识，只要看见 Pulse 或 STAR 标识的机器也可以。即使没看见这些标识，也可以插卡试用。不行的话取回你的卡就行了。 中国银联也特别为中国持卡人设置了美国服务专线 866-567-5516，提供 24 小时中文咨询服务。有些中国的银行跟美国的银行还有些其它合作，在其它的网络（Visa，Mastercard 等）上也可以取款。

即使你没有美元账户，用中国的银行发行的银联人民币银行卡直接取现也是一个非常方便的办法，而且往往比在机场或旅游景点的货币兑换处要方便实惠得多。现在银联跟美国的大部分银行都有合作，据说美国 90%的 ATM 机都可以用银联取现。有些机器上面直接就有银联的标志，而有些则采用维萨卡（VISA）的通道。如果你的中国的银行账户是人民币，那么取出的美元则按当时的市场汇率直接转换成人民币金额，并有发卡银行即时记入持卡人的人民币账户。同样，你的发卡行可能会收取手续费，而 ATM 机所属的银行也会收取 ATM 机服务费

（1.5 美元到 5 美元不等）。另外你的发卡银行可能对你每笔或每天的取款金额有限制。而有些 ATM 机也会设置单笔的取款上限，一般是几百美元。这时候你可以分几次取款，只要不超过每天的上限就行。

当 ATM 机发生故障、持卡人操作失误或忘记取卡时，ATM 机可能会吞没卡片。吞卡后，自吞卡次日起 3 日内（遇节假日顺延），请持有效证件（如护照）到吞卡 ATM 所属网点办理领卡手续。3 日内未按规定领卡，卡片将被销毁 。

据笔者所知，现阶段使用华夏银行或招商银行的储蓄卡不收海外 ATM 手续费。有些银行的 VIP 成员也免收该费用。具体请向你的发卡行查询。另外，如果是在中国建设银行办理理财卡，在美国的美洲银行（Bank of American, BOA)的 ATM 机上取款也不收取手续费。

1.10 一个典型的美国人的钱包里有什么？

普通美国人的钱包里一般不会放太多的现金，通常有几十块钱就够了。因为一般发工资都是给支票或者直接打到银行账户里，因此大家能获取现金的方式主要就是从银行的 ATM 自动柜员机里获取。美国的 ATM 机基本上只提供二十美元的钞票。所以大家的钱包里通常都是以二十美元为主，再加上一些找零。

现在很多走在时代前列的人已经开始废弃现金了。比如中国的大城市里很多年轻人出门只带手机了。走到哪里只要拿出手机，刷一下支付宝或微信支付就可以了。相比之下美国的移动支付与中国相比已经稍显落伍了。所以，钱包里还是要放上一些现金和信用卡。

值得一提的是，如果你身处美国的大城市，身上一定要放上二三十美元的现金，也就是在美华人俗称的“保命钱”。其中一个重要原因是美国有很多吸毒的人都聚居在城里。他们往往因为吸毒而倾家荡产，身无分文，而毒品贩子又是只能一手交钱一手交货。因此这些瘾君子在毒瘾发作的时候，会不顾一切地想搞来现金来购买毒品。有了几十块钱，足够他们解决当前需要，他们就会拿上钱走人而不伤害你。拿不到，可能会拿你出气。他们可能没钱，却可能有枪。当然现金也不能太多了，说明你是大款，很可能就被留下当人质了。

大多数人须臾不离身的一般是一张信用卡和一张借记卡。有了借记卡，你就可以随时取现金。而有了信用卡，你就可以在大多数地方消费。有时候为了挣回扣或积分，有人可能会带好几张信用卡。比如一张美国运通的卡加油换取 3%的返现，一张大通的维萨卡买菜挣积分，而一张花旗的万事达卡在其它地方使用。逢年过节的时候，很多人还会特意揣上商店卡来获取打折优惠。比如梅西百货一般会给用他们商店卡购物的顾客 10%到 25% 的折扣。

通常美国人的钱包里还会放上一张驾照。由于美国没有统一的个人身份证，因此驾照通常起到身份证的作用。上飞机，银行开户等等都用得上。初到美国的人如果暂时拿不到驾照，也可以去车管局（DMV）去申请一张跟驾照类似的有照片的身份证明（Photo ID）。

另外，很多美国人也会在钱包里放上一张子女或全家福的照片。过去在手机普及之前，这是向同事或朋友介绍自己家庭，互相晒孩子的办法。现在虽然手机上有更多的照片，但很多人还是保留了这个习惯，以此作为自己热爱家庭的标志。

1.11 反洗钱法规有什么要求？

根据美国的反洗钱法规，银行有权利和义务充分了解客户并为联邦监督客户。客户要开立一个存款账户或者申请一笔贷款的时候，银行应该验证客户的身份，对于个人客户，应该索要身份证件，比如驾驶执照或者是护照。对于企业，应该向他索要税务识别号码， 并询问所经营业务的内容。他们还需要了解客户资金的来源，比如是工资收入还是生意盈利。对于大部分资金往来，由于都有上家，比如开工资的公司，或是付款的客户，这些都没有问题。但是对于大额的现金，银行就要检查或者报告给美国货币监理署(the Office of the Comptroller of the Currency, OCC）。根据要求，三千到一万美元之间的交易都要在银行保留案底至少五年以备联邦反洗钱的检查。超过一万美元的则必须当天就报告给经济犯罪执法网络（Financial Crimes Enforcement Network, FinCEN)。而对于任何可疑的交易，也需要随时上报。所以在美国，很少见到人怀揣一大摞钞票去买东西。拿着一手提箱的钞票的场景也只是在好莱坞的镜头里才常见。

第 2 章 购买商品

2.1 美国有哪些商店？

美国是个发达的商业社会。经过多年的发展，已经形成了一套比较成熟稳定的商业体系。大家到了周末或过节的时候，都会去自己喜欢的商店买东西。由于商店超市数量众多，相对于人口的比例较大，因此除了过节的打折季，美国的商场里面往往显得冷冷清清，看不到顾客川流不息熙熙攘攘的场面。同时，美国的商店基本上都是连锁店，竞争相当激烈。除了在一些小镇上通过立法保护，或者真有一些特色，否则非连锁的小店很难生存。商店林立，竞争激烈对消费者而言当然是好事， 而美国商品的物价之低，质量之好，也让很多中国人趋之若鹜，把赴美旅游的一大部分时间和精力都放在了购物上。

总的来说，美国的商店分为以下几大类：

1. 百货商场；
2. 折扣商店；
3. 仓储式商店；
4. 专业商店；
5. 超级市场；
6. 便利店、药店；
7. 小店；
8. 自动售卖机。

下面我们会对他们一一进行介绍。这里我们先说一说到哪里能找到他们。一般来说，美国商店众多，布局合理，不论你居住在任何一个地方，都不会感到生活之不便。但这里有个前提，就是这个布局是适应当地的生活方式的。也就是说，在人口稠密的大城市和人烟稀少的郊区是不一样的。在纽约、洛杉矶等大城市的市区，基本跟中国的大城市类似，一般都是以街边的小商店为主，配合商业街的一些大型百货商店。比如在纽约的第五大道，你可以看到世界上所有的名牌专卖店一家一家排列下去。只要身上的美元带得足够多，信用卡的额度足够高，尽可以买买买。而且很多还能帮你邮寄回家。

而在更为广大的郊区，则是有几个层次。大家根据当时的需要决定去哪个商店。

首先是购物中心，也即是大家常说的Shopping Mall。它通常坐落在一个专门的商业区，里面一般有几个大百货公司，外加一个步行商业街既可购物又可吃喝。环绕在周围通常还会有一些独立经营的饭馆、电影院、溜冰场等娱乐措施。大家通常需要专门花上一段时间，开车去那里买东西。大型的折扣商店、仓储式商店、专门商店往往也在购物中心附近开设分店，但大多不直接开在购物中心里面。

其次是购物广场，英文名叫Shopping Plaza。一般有一个比较大的商店（一般是超级市场）作为中心，再加上若干补充性质的小商店。这些购物广场一般坐落在居民区的中间或附近，方便大家下班后随时冲到商店里买个面包火腿或什么其它东西。

最后在居民区的中间，还有很多零零散散的便利店、药店和加油站商店。他们往往昼夜营业，或者至少开得很早关得很晚，以方便周围的居民。虽然大家基本还是开车去，但很多这类商店可以靠双腿到达。

另外，在一些地段比较偏僻地价比较低，但离大城市又不是太远，一般一个小时车程左右的地方，还有中国游客赴美采购必去的名牌厂家直营店，也就是大家常说的Outlets（奥特莱斯）。 这里往往能买到虽然略微过季或稍有瑕疵，但折扣巨大的名牌衣帽鞋子等。有的厂家甚至专门为Outlets生产特别款式的产品。这对于预算紧张，或者想一站淘到各种世界名牌的人来说，不啻是个福音。

2.2 美国有哪些百货商店？

百货商店以衣物鞋帽箱包厨具等日常用品为主。品牌从中档到高档比较齐全。比较著名的有面向中产阶级普罗大众的Boscov’s, Kohl’s, JC Penny, Saks Fifth Avenue，广告做得好像一年四季都在打折的 Macy’s （梅西百货），和面向更舍得花钱的消费者的 Neiman Marcus, Lord and Taylor, Nordstrom, Bloomindales。这些百货商场都是连锁商店，一般要么位于大中城市的繁华街道上，要么位于郊区购物中心的一角，作为大家进入购物中心的标志性建筑（Anchor Store）。当然，在纽约、洛杉矶这些超级大都市，也有一些非全国连锁的高档百货商店，比如 Bergdorf Goodman， 但一般人都不大有机会去。

图表 2-1 美国主要百货商店的标识

这些百货商店一般都会占据大的购物中心（Shopping Mall）的一角，叫做 Anchor Store。但他们并不是在哪里都开分店。看到开了哪家百货商店，你就可以猜到这个地区的购买力如何。

2.3 美国有哪些折扣商店？

折扣商店，也就是中国经常说的大卖场或量贩店。卖的东西更是包罗万象，吃穿玩用应有尽有，而且价钱亲民，经常打折。其中最出名的自然就是零售业的世界老大沃尔玛（Walmart）了。山姆·沃顿先生从一家专卖 5 分和一毛钱商品的小店 Walton’s 5 & 10 起家，用了半个世纪的时间打造了一个世界性的巨无霸。由于沃尔玛对小店的侵蚀挤占作用实在太强烈了，有很多小镇不得不立法禁止沃尔玛在他们的周围开店，以此来保护传统的小店，保留小镇的风貌。沃尔玛的顾客群体主要是工薪阶层的家庭，其主要竞争对手是 Kmart（已经被 Sears 买下，但仍保留商标经营）。而美国的小资们往往更喜欢去 Target，一个相对高档一点，购物环境的色彩更明亮一些的折扣商店。在相对富庶的地区，比如东西两个海岸，折扣商店一般都是自己偏处一隅，或建在一个购物中心的边缘。而在购买力不是很高的地方，折扣商店有时也会替代百货商店成为购物中心的锚定商店。顺便说一下，中国常见的家乐福是家法国店，在美国是找不到的。

图表 2-2 世界上最大的零售企业沃尔玛

沃尔玛主打价钱。在中国也有很多分店。如果你家附近有一个沃尔玛而你又不在乎品牌的话，基本上其它的商店就不用再去了。吃穿用度，全都可以在里面解决。有些地方甚至有汽车保养中心和加油站，真正的一站式服务。

图表 2-3 一个号称比较有品位的零售企业 Target

Target 商店里的色调以红色为主。经常装点一些红色圆点。东西比较注重设计和质量，是中产阶级消闲“剁手”的好去处。

自从 2008 年经济危机以来，大部分的商店都增长乏力，而有一类特殊的折扣店却逆势扩张。这就是专为穷人、年轻人或特别想省钱的人服务的一元店或五元店。这里大部分的商品都是一元、两元，贵点的像手机充电宝也就是五元、十元。跟美国大多数的商店一样，这里的大部分商品都来自中国，但一般都是杂牌，质量做工上会差一些。颇有些像中国的小商品市场。很多一元店的经营者是华侨。

图表 2-4 零售业曾经的辉煌 希尔斯

希尔斯曾经执美国零售业之牛耳。从 1886 年明尼苏达州一个火车站上卖手表的小店起家，希尔斯率先大规模地开展邮购业务，一本邮购目录能达到五百页。在当时的号召力不亚于现在美国的亚马逊，中国的京东或天猫。二十世纪初的时候，希尔斯成为美国最大的零售企业。1913 年在芝加哥还建造了希尔斯塔，保持世界最高建筑的头衔达 35 年之久。他们自有品牌的家电和工具迄今依然受到很多传统美国人的喜爱。可惜后来雄风不再，虽然采取众多措施，还与 Kmart 合并试图弱弱联合，却回天乏力，现在连希尔斯塔也卖掉了。

图表 2-5 穷人的百货店

Five Below 的东西号称都是五元以下，Dollar Tree 和 Family Dollar 的价钱都是一元。虽然有时有些例外的商品，但基本上确实如此。一分钱一分货，就像你去中国的小商品市场图的是便宜一样，在这里解决的是有无的问题，就不要也不能在质量和品牌上讲究了。

2.4 美国有哪些仓储式商店？

仓储式商店。仓储式商店主要面向家庭和小店主。店里基本就是大型货架，选择有限，但价格较低，每样需要买一大包。往往是买一次可以用很久，对于时间宝贵又有孩子的上班族来说却是再合适不过了。这些年来仓储式商店发展迅速，其中最出名的就是 Costco 了。其它还有 Sam ' s Club（山姆会员店）和 BJ。这些商店不是随便进去，都要交年费办理会员才行。经常可以看到中国来的游客在美国的亲朋好友的带领下逛这些会员店，买一大堆保健药品准备带回国。与从外面的药店或专卖店相比，即使不打折，价钱往往也能省下很多。据这些会员店的宣传，他们卖的商品几乎都是成本价，只是靠会员费赚取利润。事实是否如此，我们并不知道，但他们商品价钱的折扣力度还是可见一斑。

图表 2-6 仓储式会员店的带头大哥

Costco 是这些年发展最快的仓储式会员店。商品相对比较高档。普通会员（金星会员）年费 55 美元，高级会员（黑卡也即经理级会员）110 美元。最出名的是他们几十年从不提价的$4.99 烤鸡和$1.50 大热狗。据说他们的烤鸡销量超过任何饭馆或快餐店。

图表 2-7 另外两家仓储式销售商店

山姆会员店和沃尔玛是一家，只是专攻批发和仓储式销售。要知道他们的创始人叫山姆沃顿。普通会员年费 45 美元，高级会员 100 美元。另外一家是 BJ’s，档次介于 Costco 和山姆中间，每年的年费是 50 或 100 美元。

2.5 美国有哪些专业商店？

美国的商业非常发达，各种分工非常细致。大家买日常用品去折扣商店或百货商店，但要买非常专业的商品很多还是去专业商店。而某个行业的专业商店也往往被几个大型连锁店垄断。比如，要是做家装的话大家都去 Home Depot（家得宝）和 Lowe’s；要是想买电器又不想去专卖店或百货店的话就去 Best Buy （百思买）或者 Fry’s；要是想一杯清茶一本书在书店里呆一下午搞搞文艺情调的话，就可以去 Barnes & Noble；在公司里当文秘需要补充笔墨纸砚各种文具的话就直奔 Staples 或者 Office Depot；你要是喜欢户外运动，则有 REI 和 Cabela’s，里面从登山靴冲锋衣，到帐篷睡袋，直到弓箭、猎枪、钓鱼竿、皮划艇，应有尽有；而只是喜欢运动想打打球跑跑步的话，则可以去 Dick’s 和 Sport Authority。

图表 2-8自助家装的两个巨头

美国人喜欢自己动手，因此自助家装商店非常红火。他们的营收多寡往往代表了当年房地产业的兴旺与否。有个江湖传说Home Depot 是以家庭主夫和合同工为主打对象，也就是说他们的顾客里一般由男性做采购决定。而Lowe’s是以家庭主妇为销售群体，也就是面向装修时女性说了算的家庭。当然，对大多数人来说两家其实都差不多，大家实际是哪个离得近去哪个。

图表 2-9 电器商店二人转

要是你喜欢追踪最新的电器，可以去这两家专营店看看。保证让你流连忘返。万一电器坏了也可以找他们来修。不过Fry’s主要分布在西岸，尤其是以加州为主。在美东或中部的话就只有BestBuy可以逛了。

Office DEPOT

OfficeMax

图表 2-10 办公室文秘的最爱

原来的三巨头之二Office Depot 和OfficeMax现在合并了。变成了双寡头连锁。

图表 2-11 运动员的天堂

在这些运动器材店里可以买运动衣，各种球类，还有各种运动器材比如运动自行车、滑雪板等等。

BARNES & NOBLE

BOOKSELLERS

图表 2-12 书虫的新窝
大部分准备到美国读大学的人都会去的商店。尤其是在跟各个大学合作的店面里可以买到学校的教材和各种大学纪念品，比如带学校 logo 的帽子衣服等。传统上，每年开学之前，各个大学的老师都会通知大学书店他们开哪些课，使用哪种教材，有多少学生注册了。书店就会采购相应数量的教材提供给学生。在书店里（往往是二楼）会专门开辟出一个教材专柜，在一个个格子上不仅标出书名，有时还会有课程的名称和教授的名字。到了学期末，学校书店还会提供教材回购服务，根据品相回收教材，等下个学年再以二手书的价钱卖出去。

2.6 美国有哪些超级市场？

俗话说“民以食为天”，为了填饱肚子，大家还要知道在哪里能买到食品。虽然不管是像沃尔玛、Costco 一样的大商店，还是街头的加油站、便利店都能买到吃的填饱肚子，但要像模像样的过日子，还是需要去真正的超级市场才能对得起自己的舌尖。

美国的超级市场据说是竞争最激烈最充分同时利润也最薄的行业。在这里并没有全国性的垄断巨头，有的大多数是地区性的连锁企业。而且在这个行业里可以很容易地看到一家商店迅速崛起扩张，另一家经营不善倒闭。当然，对于消费者来说，哪家的菜新鲜便宜种类又多，去着还方便，那自然就去哪家。

超级市场是大家使用优惠券或折扣券（Coupon）最多的地方。一般每周他们都会通过邮局往大家的邮箱里塞广告，里面告诉下周什么商品打折。在周日的报纸里，也往往会塞上优惠券，剪下来在付款（check out）时可以抵消掉一部分价钱。现在几乎所有的超级市场都让大家办理会员卡。刷一下会员卡可以自动把折扣算上而不用再费劲地去剪优惠券了。你要是忘了带会员卡，可以报上自己的电话号码来查。若是自己不是会员，有的地方也可以让店员刷店里的通用会员卡（store card）。这对出门旅游的人来说还是很方便的。

图表 2-13 超级市场的元老

具有辉煌的历史，现在却逐渐归于平庸的A&P(大西洋和太平洋茶叶公司)。它一手创建了现代超级市场的形式，二十世纪前四分之三的时间里曾经蝉联美国最大的食品店达六十年之久，二战后很长时间内还曾经是美国最大的零售店和食品制造商。当它如日中天时，曾经像麦当劳一样是美国的象征。经过一系列的管理不善和财务失败后，现在该店能否生存下去都成了问题。

图表 2-14 健康食品的领头羊

随着人们更加注重健康，大家宁愿花多点钱去买有机食品。主打健康食品的Whole Food 也随之迅速扩张。当然，他们的价钱也是相当贵族化。另一家超市 Trader Joe’s 也打着健康食品的旗号，拥有相当多的拥戛。有不少人认为去这里买菜也是美国小资的一个标志。

不管身在海外一天还是十年，大多数中国人都有一个难以忘怀的中国胃。天天面对牛排披萨三明治再也难以下咽的时候，能够迅速找到附近的华人或亚洲超市就成了一门必修课。一般来说，在大城市或华人比较稠密的州比如纽约、新泽西、加利福利亚等和大城市如波士顿、费城、华盛顿、休斯顿、亚特兰大等都会有比较大型的华人超市。在这里不仅能买到各种各样的中国食品和调料，经常还能买到一些中餐盒饭、中药、中式生活用品、中式小家电等等。而在其它地方，往往在驱车一个小时的范围内，也总能找到小型的华人食杂店，或者由东亚、东南亚移民开的亚洲食品店。虽然种类会少一些，但也总是聊胜于无。而现在在一些经济发达、华人移民较多的地区，在普通的超级市场里，往往也会有一排货架专门留给国际特色食品。上面有时会给远方的客人一些惊喜。

ASIAN 美東 FOOD

图表 2-15 在美华人的最爱

大华超级市场在西海岸尤其是加州占据主要地位。在美东的连锁华人超市也有几家，但竞争激烈。其中的香港超级市场的老板娘是早年的香港电影明星叶玉卿。不过你要是想在超市里找老板娘合影签字估计可能性并不大。

2.7 美国有哪些昼夜商店？

美国的大商店一般上午九点到十点开门，晚上九点半左右关门。星期天为了准备下周的货架，一般都会提前到六点左右打烊。但是美国也有很多工作狂夜猫子，当他们下班了或觉得肚子饿了，这些大商店往往都关门了。除了叫外卖，他们能去哪里买东西呢？那就是遍布居民区的便利店，药店和加油站的小商店了。

美国的便利店也是以连锁店为主。其中的 7-11 遍布全国，在中国也有很多分店。但其他的就没那么分布广泛了。往往是区域性的连锁。在这里可以买报纸，买早点咖啡三明治。有的比如 Wawa，还是当地人中午买快餐的热门地点。另外，就像加油站经常会开设附属便利店一样，有些便利店现在也开始经营加油业务。

图表 2-16 夜猫子的选择

7-11 是全国连锁，但 Casey’s General Store 主要分布在中西部，而 Wawa 主要见于大西洋沿岸的中部。

一个人要是生起病来，那可是不分白天晚上。 所以药店营业也不能分白天晚上。大部分药店都是二十四小时营业，或者接近二十四小时营业。有鉴于此，几乎所有的药店除了卖药以外，还兼卖各种日常用品，尤其以日化用品，礼品卡片，零食小吃为多，让你在买药的时候既排遣了寂寞，又增加了消费。

图表 2-17 大病小灾离不开的地方

Walgreens 和 CVS 是美国连锁店最多的两家药店。纽约城街头随处可见的 Duane Reade 也是 Walgreens 旗下的一个品牌。Rite Aid 虽然排名第三，但规模却只有前面的一半。

就像蒙古是个马背上的民族一样，美国是个建立在车轮上的国家。自然加油站也是星罗密布。几乎每个加油站也会附属一个小便利店来多种经营，增加收入，也为居民和过客带来方便。有的加油站附近人口众多，商店林立，那它的便利店只会卖卖报纸香烟彩票。而有的加油站附近人烟稀少，那它反而会扩大经营，变得像一个小百货商店一样。

图表 2-18 无言的便利

附属于加油站的小店大概是最默默无闻的商店了。大家去加油站加油，顺便买杯咖啡，买袋薯片，谁也不会注意这家小店往往还有自己的名字，往往也是连锁店。过去在美国中西部偏远的乡下，有很多小镇没有自己的商店饭馆，路边加油站的小店就可以算得上是购物中心了。在那里吃个热狗三明治就算得上是周末吃个大餐了。美国现在是个超级发达的国家，但谁家祖上没有吃糠腌菜的时候啊。

2.8 美国的小店在哪里？

到了美国，一个印象就是到处都是大盒子商店（Big Box Stores）。不论是百货商场还是超级市场，都是一个硕大的水泥建筑，有门无窗。进去之后，不管外面刮风下雨还是阳光明媚，里面总是灯光明亮，干净整洁，于是大家就流连于一排排的货架之间，昏天黑地地采购。这种方式对于喜欢方便的人来说，走到哪里都能像在家乡一样。对于喜欢特色的人来说，却是千篇一律， 不如小店一样有情调。

要是想逛小店呢，一般有两种。一种是连锁店，比如便利店或购物中心商业街里面的小店。而另外一种就是独立经营的小店。美国通常把它们叫妈妈爸爸商店（Mom and Pop Shops），对应的中文就是夫妻店了。它们有的在传统小镇连锁商店覆盖不到的地方卖些食品杂物，有的在发达地区找到一些连锁商店不及的特色领域，英文叫 Niche Market，比如老唱片，手工艺品，自行车、乐器等等。作者在学习潜水的时候，就是在附近的一家小店采购各种潜水器材和灌充氧气。同时他们还提供理论学习，组织潜水活动，为潜水教练和潜水学员提供联系见面的地方。由于富有特色，他们在大型连锁店的夹缝里也能找到自己生存的空间。

2.9 怎么使用自动售卖机？

自动售卖机，或自动贩卖机，英文名 Vending Machine，是为数不多的不用懂英语就能获得商品的机会，而且二十四小时不打烊。在美国不论机场机关，学校公司，亦或街头巷尾，都能很方便地找到自动售卖机买到饮料零食，滋润饥渴的游客行人。有些高级的贩卖机还能卖电话卡、耳机、电池等其它急需品。

在大多数老式的售卖机上，你需要准备足够的零钱，一般是一元的纸币和两毛五的硬币。有的会接受其它的面值，贩卖机上都会有相应的图样显示。确定自己想买什么之后，记住它想对应的号码标识。这个标识一般是一个字母和一个数字的组合。比如纵向是第三排 C，横向是第二列 2，标识上会写着 C2。然后把足够的零钱塞到相应的投钞口或投币孔内。在键盘上按下商品所对应的代码，你就会看到相应的商品被推出来掉到底下的取货口内。一般你要推开取货口的仓门伸手进去把它拿出来。

要是有找零的话，一般会从投币口的下方的找币口掉出来，掉进一个托盘里。有的还有一个小门挡住防止硬币弹出来。但往往有人就会忘记拿走。很多小孩儿或流浪汉往往会到自动贩卖机的找币口碰运气，或许能捡到一些忘掉的零钱。

新式的自动贩卖机往往都接受信用卡或其它电子付款，这时候你就不需要零钱了。只要刷一下卡，或者摇一摇手机，就可以付款了。

图表 2-19 使用自动售卖机

自动售卖机都会告诉你接受什么样的付款。比如纸币、硬币或信用卡。通常使用的纸币不能太旧或太皱巴巴的。最好把它先抚平再塞进去。取商品的时候经常需要推开一个底部的小门把手伸进去拿。小门上往往会画个箭头或写上 PUSH（推）。

2.10 在美国怎么进行网购？

跟中国的剁手族一样，美国的年轻人也喜欢在网上购物。与京东类似的网上百货商店是著名 Amazon.com（亚马逊），与淘宝相应的是 ebay.com（易贝或电子湾）。他们虽然在中国也有同样的业务，但来得比在美国的要小得多。同样，跟苏宁国美一样，很多实体商店也在网上开设了虚拟商店二十四小时营业。较大的有 Walmart.com, Bestbuy.com, Target.com 等等。另外还有很多比较专业小众的网店，有些依托亚马逊或易贝，但很多却是独立门户，靠谷歌搜索、竞价排名或口碑相传来争取客户，比如专卖电子产品的 Newegg.com， 专卖电子元器件的 Sparkfun.com，专卖服装鞋帽的 6pm.com， 还有专卖中式零食杂货的 Yamibuy.com。

下面以亚马逊为例，介绍美国网购的流程。

1. 跟在中国网购一样，你需要到该网站上注册一个账户（Create account）。大多数网站只要有一个电子邮箱或一个手机号码就可以注册了。如果是回头客，只要登录（Sign in）就可以了。

Create account

Your name

Email

Email again

Password

at least 6 characters

Password again

Create your Amazon account

By creating an account, you agree to Amazon.com's Conditions of Use and Privacy Notice.

Sign in

Email (phone for mobile accounts)

Password Forgot your password?

Sign in

2. 用浏览或搜寻的功能寻找想要购买的商品。比如搜寻本书的作者“Cindy Yu CPA”或者“Hong Zhang PhD”，就能找到作者在美国出版的另外两本书。点击进入后就可以看到详细介绍，用户点评，价钱与折扣等等。

Financial Intelligence for Parents and Children Aug 27, 2015
by Cindy Yu CPA and Hong Zhang PhD

Paperback
$21.95 Prime
Get it by Monday, Feb 1

More Buying Choices
$17.27 used & new (13 offers)

Kindle Edition
$0.00 kindleunlimited
Subscribers read for free. Learn more.

$4.49 to buy Prime
Auto-delivered wirelessly

3
Books: See all 2 items

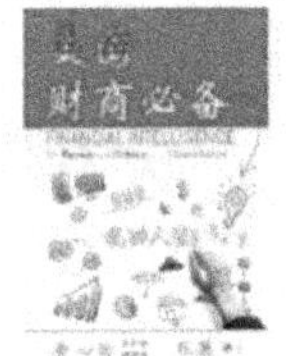

Financial Intelligence for Parents and Children: Chinese Edition Oct 29, 2015
by Cindy Yu CPA and Hong Zhang PhD

Paperback
$21.15 Prime
Get it by Monday, Feb 1

More Buying Choices
$17.94 used & new (8 offers)

Books: See all 2 items

3. 选好货物后放到在线购物车里“Add to Cart”。

Buy New $21.95

Qty: 1

Free Prime shipping after order is processed Details

In Stock.

Ships from and sold by Amazon.com.

Gift-wrap available.

Add to Cart

4. 最后点击购物车，选择结账。比如在 Amazon.com 里，就是点击“Proceed to checkout”。

Subtotal (1 item): $21.95

This order contains a gift

Proceed to checkout

5. 进入到结账界面后，一般都会让你输入送货的地址和付款的办法。可以是信用卡或是银行账户。对于很多中小网店，他们还接受 Paypal，类似于中国的支付宝。美国的快递一般周末不工作，所以网站上的时间一般都是指工作日。选择第二天到货的话一般都是空运，运费一般都很贵。若时间不赶，选择地面运输(Ground shipping)能省不少钱。由于美国没有高铁，快递小哥也不加班加点，所以一般送货比中国来得慢，也来得贵。有些公司，比如 Amazon.com，交一笔年费成为会员（Prime Member）之后可以在某些档次上对某些货物免运费。

Add a payment method

Add a credit or debit card ›
Amazon accepts all major credit cards.

Add a bank account ›
Use your US based checking account.
Learn more

Apply for an Amazon Store Card ›
Access to exclusive financing offers. No annual fee. Zero fraud liability.

6. 一切输入妥当之后，就可以确认结账了。

Place your order

By placing your order, you agree to Amazon.com's privacy notice and conditions of use.

Order Summary

Items:	$21.95
Shipping & handling:	$0.00
Total before tax:	$21.95
Estimated tax to be collected:	$0.00
Order total:	**$21.95**

7. 交易完成之后，一般你会收到一封确认邮件或短信告诉你交易已经完成，买了什么东西，怎么付的款，服了多少，预期多久能拿到货物等等信息。

✓ **Thank you, your order has been placed.**
An email confirmation has been sent to you.

至于其它的网店，购买的方法都是大同小异。需要注意的是，为了安全起见，美国的网店很多都要求使用美国的银行发行的信用卡。不过还有不少网站，尤其是使用 Paypal 付款的网站允许使用银联卡，但可能会收取 1~2%的手续费。

2.11 美国的东西什么时候打折?

大家买东西都希望能够打折减价。跟中国的商家一样，一般商店每周都会有一些产品减价促销来吸引顾客。但什么时候减价最多呢？一般是节假日或换季时节。比如每年的黑色星期五，也就是感恩节（每年十一月份的最后一个星期四）之后的星期五，会是商家打折最疯狂，顾客抢购不要命的时节。这一天通常被认为标志着圣诞购物期的正式开始，被看作是每年零售业圣诞销售业绩的晴雨表，也是一年中各个商家最看重也是最繁忙的日子之一。

关于黑色星期五这一叫法的起源有很多种，其中一个大家比较认可的看法是，感恩节开启了年终长达一个月的圣诞节日假期，人们也从这个星期五开始圣诞节大采购。在这之前的一年时间里，大部分商店都处于惨淡经营的状态，尤其是为了年终备货，甚至在账面上还会略有亏损。而过去记账时，红色表示亏损即赤字，黑色则为盈利。过了这个星期五大采购之后，账面上终于由负转正，由红字转为黑字。因此大家称之为“黑色星期五”。

从感恩节到新年期间的整个节日季，各个商店都会使出浑身解数来吸引大家花钱。最近一些年，网店又发展出 Cyber Monday （网络星期一），也就是黑色星期五之后的星期一，来进行网络促销。这有点像中国的双十一光棍节。属于商家生生造出来的促销节日。不过虽然它开始得比较早，但声势和销售额与中国的双十一相比还是差得很远。

每年夏末秋季开学前，是大家购买各种文具和上学用品的时机。各大商店也会专门腾出位置摆上大批的文具让家长孩子们来选购。而每年春天商店里衣服换季之前，也会选在总统日，也就是二月的第三个星期一， 对压仓的衣物进行减价促销。以此来为夏季的衣服来准备资金和展位。

2.12 美国的商店节假日关门吗?

习惯了中国在任何日子都能上街买东西，到了国外有时会发现买东西还可能吃闭门羹。比如作者去德国出差的时候，本想在星期天去逛街买东西，却发现哪里都关门。不过在美国就没有那么糟糕了。一般来说，美国的商店星期天都继续营业，只是关门稍微早几个小时。

当然，这也不是说美国的商店一年 365 天不打烊。大部分商店、饭馆、公司、学校在几个主要的节日都会关门。一般来说，他们会在下面几个节日停业：

- 新年 New Year’s Day （一月一日 ）
- 复活节 Easter （每年不同，一般是三月底四月初的星期天）
- 国殇日 Memorial Day （五月的最后一个星期一）
- 独立日 Independence Day （七月四日）
- 劳动节 Labor Day（九月的第一个星期一）
- 感恩节 Thanksgiving（十一月的最后一个星期四）
- 圣诞节 Christmas（十二月二十五日）

其中最值得注意的是复活节。因为这是一个宗教性节日，大部分中国人并不留意它。而且它是星期天，是很多华人习惯性的购物的日子，所以要提前准备。笔者初到美国的时候，没注意到复活节商店关门，去采购时吃了一个闭门羹。而冰箱里也已经是空空如也。最后是找来找去才找到一家中餐馆仍旧开门，总算没有饿着肚子。另外有些加油站、便利店，尤其是那些非基督徒店主开的，这时候也可能开门。

2.13 在哪里买食品？

俗话说“民以食为天”，到了美国可千万不能因为找不到食品店而饿肚子。除了去各式各样的饭馆和快餐店大快朵颐之外，也可以买来食材自己做，不仅价格更便宜，而且口味更好，用料更健康。

在美国几乎各种商店都会卖食品和调料。一般来说，大家周末都会去自己常去的大店里采购回来塞满厨房的冰箱。传统上大家会去超级市场买菜，但现在越来越多的人改为去像沃尔玛、Target 这样的超级折扣商店，或像 Costco 那样的仓储式商场。而这些商店也是越建越大，蔬菜食品部门的规模与选择与普通菜市场相比也是不遑多让。

要是只想买一个面包或一袋薯片，去上述的商店采购也可以。但往往要浪费不少时间走来走去在一排排的货架之间寻找。许多人选择去较小的便利店来购买。要是处在办公楼或学校，更是可以直接找一个自动售卖机解决问题。

有很多人初到美国会发现买不到酒。确实，一般的商店都不卖酒。虽然各个州的规定不尽相同，但一般来说要买酒就要去有酒牌的专卖店去。有的州只能专门的酒店（Liquor Store）卖，而有的州却可以和其它食品混在一起。由于中国人普遍长得年轻，而美国不允许向二十一岁以下的未成年人提供含酒精的饮品，所以基本上你都会被要求出示有照片的证件（Photo ID）表明你已经达到岁数了。另外要提醒的是，如果你买了一瓶酒想走在路上边走边喝的话，一定要用没标记的包装把瓶身遮盖住。很多州是禁止在外面直接暴露酒精饮品的的。很多店小二会直接把酒瓶放在一个棕色纸袋里，千万别把它扔了。在外面喝的时候要用的。当然在家里或餐馆就无所谓了。还有，你要是买了酒精饮料用车拉回家，一定要放在后备箱里，或至少手够不到的地方。万一警察临检发现你的手头有酒瓶，那就说不清了。

2.14 在哪里买药？

人吃五谷杂粮，总会有个头疼脑热感冒咳嗽的。看病的话大病去医院的急诊室，小灾去诊所，不过美国的医院和诊所一般不卖药。他们有时会给你一两剂药救急，但你还需要自己去药店来买药。我们说的药店可以是普通药店如 Walgreen’s 或 CVS 的 药房，也可以是超级市场或大商店比如沃尔玛、Target 或 Costco 的药房。比如根据 2010 年的排名， 药房数目的总排名里，传统药店的 Walgreen’s、CVS 和 Rite Aid 占第一、第二和第四，折扣商店里的沃尔玛、Target 和 Sears 占第三、第六和第八，超级市场里的 Kroger 和 Publix 占第五和第十一，仓储式商店里的 Costco 则排名第十二。因为药房是一个利润丰厚的行业，而且顾客在等待拿药的时候往往也会顺便买些东西，所以各家商店都是各尽所能吸引大家来本店买药。

药可以分为处方药和非处方药。医生给你开的药方上基本都是处方药，没有处方拿不到。去药店也只能拿到处方上允许的计量，不能多拿。大家拿药的次序一般是先把处方和保险卡交给药剂师。药剂师会告诉你大概多长时间能取，因为有的药只是从他们的大药瓶里数几粒放到给你的小药瓶里，而有些还需要现场配制。你也可以留下电话，让他们准备好了通知你。药配好了之后，你就可以带着钱包来取药了。现在很多医生跟药房都联网，你可以跟医生说你常去的药房是哪家，他们可以直接把药房和你的信息传过去。这样你就可以省下不少等待的时间，甚至可以出了诊所直奔药房就可以取药。

有时只是小小的感冒发烧，大家也可以自己去药店买一些非处方药，比如阿司匹林、咳嗽药、止痛片、创可贴、脚气膏等。药店一般会有一个或两个药剂师在药剂柜台坐班。在他们上班的时候，也可以问他们一些简单的问题，请他们参谋一下该吃哪种非处方药。

图表 2-20 药房导航

要寻找药房你可以寻找 Pharmacist（药剂师）、Prescription（处方）、Pharmacy（药店）的字样。你也可以寻找 Rx 的图样，有时还会跟一个研药的小钵在一起。这是药剂师的标志。写着 Drop Off 的窗口是递交处方的地方，而写着 Pick Up 的窗口是取药的地方。可不要排错队闹个大红脸啊。

2.15 在美国可以讲价吗？

由于大家的时间都比较宝贵，而且美国的人工费比较高，所以基本上所有的商店都是明码标价。大家拿上东西，看看价签，就可以自己算一下大概要花多少钱了。总的来说，你不能讨价还价。

当然也不是所有时候都不能讲价，那就是你讲下的价钱能值回你所花的时间的时候。这些时候包括

- 买卖房屋
- 买卖汽车、游艇

- 找工作时谈工资（也就是买卖你的劳动力）
- 买卖商业企业

这时候买主花点时间跟卖主讨价还价还是值得的。而且卖主也往往会漫天要价，等着你来就地还钱的。

有些公司打出自己是最低价，他们承诺你只要在其它商店找到同样牌子同样型号的商品比他们的价格低，他们就会找给你差价。听起来很好，但做起来往往没人能有时间去到处找底价。很多时候，生产厂家供给各个连锁店的产品即使基本功能一模一样，也要稍微换个颜色改个小功能，故意弄个不同的型号，这样你就无法比较了。有些信用卡公司也向客户宣传这个最低价优惠。以作者的感觉就更没谱了，至少没听说过有哪个朋友通过他们拿到差价。好在现在很多网站帮助你进行比价，也可以看做是另一类的讨价还价了。

2.16 退换货政策和保修有什么规定？

美国对消费者的保护还是比较好的。在大商场里买东西，在一定时间内，只要没有使用过，一般都能无条件退换货。有的商店需要你提供收据，而且商品包装要完整无缺。有的商店则可以从你的信用卡上查到你的购买记录，因此不需要收据。有时你没有收据，但能看出来这个商品就是从这家店买的（主要是靠扫描商品上的条形码），他们会给你一个同等价钱的该商店的礼品卡。有的利润较大的商场或商品，即使商品的包装不完整，也可能会给全额退款。而对于有些利润微薄或时效明显的商品，尤其是电子产品，有的商场会收取 10% 到 25%不等的重新上架费。

一般在很短时间（比如一个月或三个月）出现质量问题或发现瑕疵的商品都可以拿到销售商那里要求退换。但要是过了这个窗口，你就需要联系生产厂家来保修了。有些产品会特别标明只要出了问题就直接联系厂家，而不要退回商店去。

第 3 章 购买服务

3.1 到美国怎么打电话?

对于土豪来说，区区一点国际漫游费实在不算什么问题，走到哪儿用到那儿，随心所欲，可以不用在乎。但对于普通人来说，要是出国的话，最好事先准备一下，或许能省下不少的电话费。下面介绍一下几个方法。

1. 什么也不做。基本不用电话，实在需要偶尔接打一两个。碰到有 WiFi 的地方（大部分快餐店、咖啡馆、餐馆、公路休息站都有）上网用微信或网络电话联系。这个办法最简单，但只适合短期旅游不用随时保持联系的人。

2. 租用随身 WiFi (Pocket WiFi)，有的地方叫 Mifi。在大的国际机场里面一般都能租到。用它可以一个带几个上网，比如手机、笔记本电脑什么的。费用根据流量包的多少也各有不同。适合于到美国出差需要随时与总部或客户联系，或者虽然是旅游却时刻要晒晒朋友圈的人。

3. 购买预付费电话卡。只要往你的手机里插上新的预付费 SIM 卡就可以了。大多数国内三频或四频的 GSM 手机在美国都能使用。也就是说，如果你的手机是这两年买的，里面要插一张小 SIM 卡片才能用，那基本就可以了。要是你的手机买得比较早（双频的），或者买回来什么也不动就可以打电话（CDMA 制式），那最好还是换个电话或想其他办法。这适合前面的人群、初到美国还没来得及买电话的人、和压根就不想买手机通讯计划的人。

4. 对于想长期住在美国的人来说，还可以选择一家手机电话公司，办理一个手机计划。这样你就有一个固定的电话号码，将来办理信用卡，租房、买车等等都比较方便。以前大家都需要安装个座机，但现在年轻人的家庭里也都不安座机了。

3.2 怎么选择手机电话公司？

在美国一共有 180 多家不同的手机电话营运商，有的区域性的，有的是全国性的，其中最大的四家是：Verizon Wireless， AT&T Mobility， T-Mobile USA， Sprint Nextel。一般来说，前两家的音质更好一些，覆盖面也更大一些。如果你只在大城市活动的话，其实选谁都没有什么区别。但到了郊区，或者比较偏远的地方，T-Mobile 和 Sprint 就可能有点力所不逮。而这都可以到网站上面去查信号覆盖图，上面还会标明什么类型的信号（3G 还是 4G）支持什么服务（通话、短信、数据）。Verizon 号称覆盖全美 97%，AT&T 则是 93%。当然，一分钱一分货，这两家的价钱也会比后两者贵一些。除了去运营商自己的网站外，有一家网站叫 http://opensignal.com/，可以查看比较客观的信号覆盖。

下面是这四家运营商的网站。

- VERIZON：www.verizonwireless.com
- AT&T：www.att.com
- TMOBILE：www.t-mobile.com
- SPRINT：www. sprint.com

关于手机的制式，Verizon 和 Sprint 是 CDMA，跟中国电信的相同。也就是说你的手机和你的手机卡是合二为一的，不用单独的手机卡。而 AT&T 和 T-mobile 采用的是 GSM，跟中移动的相同。也就是说手机和手机卡是分开的。你可以买个新卡插到旧的手机上换个号码但仍用同一个手机，也可以把旧卡插到新的手机上，保持同一个电话号码。

3.3 怎么选择电话计划？

1. 预付费（Prepaid plan）：所谓的预付就是不用签约，不用押金，用多少交多少。这跟中国的电话套餐很像，就是必须保证你的账户里面有钱才能打电话，所以电话费必须提前充值。好在在话费快用完的时候一般都有提醒。 这种套餐不用跟电信公司填协议，但一般也不会送手机，所以可以用自己原来的手机，或者另外买一个无合约的手机。

除了预付电话费之外，还可以加短信和数据流量（data plan）。有按分钟或短信条数收费的，比如每个月包 250 分钟 100 条短信，但超了以后是每分钟通话或每条短信一毛。也有不限量的（unlimited），当然会贵一些。现在的电信公司基本上不给新客户无限的流量。

2. 个人套餐（Individual Plan）：需要和营运商签约一年或两年。一般需要你有社会保险号码（SSN），如果没有 SSN 就要交纳押金，押金一般是 500 美元上下（根据营运商不同也会不同），过了半年后如果每月都按时付账，就会寄还给你。当然如果你搬家的话，一定要通知他们，否则支票可能会寄丢的。

   签约套餐传统上是不需要全价自己买手机的。因为电话公司已经把手机钱算到了每个月的话费里了。传说中的 199 美元买苹果 iPhone 手机就是指这种签约套餐价。不过现在国内也有很多买套餐送手机的计划了。套餐一般会赠送一段免费通话时间。这个免费通话时间是指早上 6 点到晚上 9 点之间这段时间你可以免费打的分钟数，如果超出，费用是非常昂贵的。通常首次激活套餐需要收取 36 美元激活费。

   周末、节假日和晚上（指晚上 9 点到第二天早上 6 点）打电话大部分套餐计划是不要钱的，可以尽情地煲电话粥 。为了吸引大家把朋友都拉进来，运营商内部互打不要钱，比如 AT&T 给 AT&T 的手机打，Verizon 给 Verizon 的手机打，任何时间都不要钱。不过你要拨打座机电话一般都是会计费的，像如果是电话有时间限制的话，对于经常拨打各种客服电话的人最好注意时间，当然给你的电话运营商拨打电话是不收费的。

3. 家庭套餐计划（Family Plan ）：就是 2 到 5 个人合用一个签约套餐，交的钱大家分摊，套餐里面的时间也是大家分用，这个套餐一般是一家人合用。在留学生里，也有几个学生一起合用这个计划的。他的好处不光是平均下来每个人花的钱会少一些，而且只要有一个人申请就可以了。也就是说，只要有一个人有社会安全号码，他就可以带上好几个人一起使用这个家庭套餐计划。一般来说，家庭计划里通话的时间是大家合在一起计算的，但数据流量却可以每个手机有不同的计划，分别计费。比如老爸老妈都是 2G 的流量，而儿子女儿是 5G 的流量。跟个人套餐一样，家庭套餐的每个手机都有激活开通费，在周末节假日和晚上以及运营商内部互打都不要钱。

由于大家的移动电子设备数量越来越多，现在很多运营商都推出了数据共享计划。比如说 AT&T 的 mobile share plan 不仅允许最多 10 个手机或平板加入，而且允许这些手机和平板共同分享数据流量。

退换和保修：以 AT&T 为例，在购买后的 14 天内，可以退换或者退还手机，但手机必须看上去崭新，包装完好，没有损坏或沾水。十四天后如果想退手机的话，则须交纳一定的费用。手机的保修期通常为一年，越狱机不能保修。在手机一年的保修期内，如果手机有任何问题，或者哪怕是你不满意的地方，你都可以到营业厅去换。比如你说觉得这个手机电池用得太快，音质不好等等，业务员看都不会看，直接问你需不需要换一个新的。所以一年之内你可以随便换新手机，不需要任何理由。

解约：如果你中途不想用他们的计划了，要缴纳一定的违约金，一般情况是 170 美元左右。

换新手机：当然如果你自己购买个新的手机，但仍然保留现有的计划，这只要把原来的 SIM 卡去出来放进新手机里就可以了。如果你的卡大小不合适，比如从原来的普通卡换成新的 Nano 卡，你就可以到营业厅请他们换成合适的大小。这种服务基本都是免费的，即使你是从中国买了一台新的手机，只要你还是他们的签约客户，就可以让他们免费帮你转换新卡。

无手机套餐：在传统套餐里面，套餐的月费比较高，而你可以低价获得新的手机。如果你在合约期满之前，想换个新的手机，你就拿不到优惠，可能要全价购买。现在的运行商还推出了一种分期付款计划。也就是说，套餐的合约价不包括手机价钱，而你采用分期付款的方式购买你所心仪的手机。一旦你把手机的价钱付清之后，你就可以再去购买新的手机，而不用等待合约期满。

带手机回中国：在 AT&T 和 TMobile 买的手机，理论上都可以拿回中国使用。如果你的手机是在套餐里面买的，它一般都会被锁住。也就是说，你只能使用该运营商的网络，即使你插入其他公司的 SIM 卡，手机也不能使用。但在你使用过一段时间之后，就可以打电话让他们解锁。一般他们会给你一串号码，同时教你一步一步地怎么输入这些号码来为手机解锁。如果你怕麻烦，也可以拿回中国请人解锁或刷机，但要冒着手机损坏的危险。当然如果你的手机买的时候就是解锁的，那走到哪里都可以使用。

3.4 在美国去哪儿吃饭？

世界上最相似的大概就是餐饮业了。在美国要想填饱肚子的话，说起来跟中国差不多。

1. 普通饭馆。美国是个移民国家，因此饭馆的风味自然也是来自全世界。既有来自美食大国的中餐、法餐、意大利餐，也有在中国不常见甚至很可能都找不到的的希腊餐、印度餐、埃塞俄比亚餐甚至阿富汗餐。吃饭的流程也是点餐、吃饭、付款，基本跟中国没什么不同的。主要不同的是在中国的餐馆里，由于大家共同吃一桌菜，因此每个桌子往往只给一份菜谱，由领导、主客、东家或某个最会点菜的人来点。而美国吃西餐是每人一份各吃各的，所以每个人一份菜谱，每个人点一份菜。不仅西餐是这样，美国中餐馆里大家聚餐也是如此。

   当然找饭馆的时候，别忘了找点评（作者最常用的是一个叫 Yelp 的手机应用）看看饭馆怎么样，好的饭馆经常是人满为患，最好先打电话或上网预约，省得在门外苦等。有些高档餐馆可能还有要求顾客穿上正式服装，比如西装、晚礼服之类的。夏天旅游你要是只穿着短袖 T 恤也没关系，可以跟他们租或借一套西服穿上，至于是否合身就顾不上了。

   另外，吃完饭结账时别忘了给小费，但也不用给双重小费。仔细看一下账单，如果是很多人，或者是比较精明的餐馆，就可能会自动加上 15~25%的服务费，有服务费之后就不用再给小费了。如果账单上只是饭钱和税，那你就要加上 10~25%的小费。服务好多给一些，不好也要给 10%，因为很多服务员的基本工资非常低，基本要靠小费来获得收入。虽然很多人对此颇有怨言，但已经形成了习惯。现在有一些餐馆也在进行改革，在菜价里包括了服务员的工资，就不要小费了。他们都会明显地标出来。

还有美国的餐厅一般一桌都只有一个服务员，一开始是谁帮你点菜的，待会儿有什么事就找他，因为你的小费将来是付给他的。其他的服务员除非是领班或老板，听到你喊也只会去帮你催你的饭桌服务员。

2. 快餐店。只要在中国去过快餐店的人到美国也不会感到陌生。无非就是排队点餐交钱，然后等着叫号把自己的那一份儿端走。在快餐店用餐不用给小费。但吃完以后要自己把桌上的东西清理一下扔到垃圾桶里。有的快餐店点餐采用无人售货方式，自己在触摸屏上一步一步的选择并付费。这就大大方便了不怎么会说英语的中国顾客，但也要求顾客使用信用卡或借记卡而不是现金来买单。

3. 食堂排挡。在大学里一般都有食堂，很多都是像自助餐一样，刷卡或交钱以后在里面随便吃。而在大的购物中心和一些公司里面，也会有大排挡。大家买了吃的以后自己端到中间的餐桌上享用。

4. 超市、便利店的快餐。就像在中国的超市往往也兼卖盒饭一样，美国的超市和便利店也出售事先做好的三明治、匹萨饼、炸鸡块和其它外卖。就像买其它商品一样，自己到货架上取一份然后交钱结算走人。

5. 流动的餐车和小贩。在城市的街头，大型文艺演出和体育比赛的时候，都会有一些流动的餐车和叫卖的小贩为大家提供服务。这些地方一般都是一手交钱一手交货，付款以现金为主。当然随着智能手机的普及，有些人也开始使用Four Square或Apple Pay之类的移动付款。但总的来说，因为他们往往处在技术革命的最外围，而且现金之外的收费都涉及到监管和费用的问题，所以他们采用这些都比较迟钝。

3.5 如何乘坐出租车？

在大城市，比如纽约、费城、旧金山、洛杉矶，你可以在街头叫到招手即停的黄色或其它颜色的出租车。这跟在中国的大城市是一样的。至于价钱，以纽约市为例，黄色出租车起步价为 2.5 美元，起步含 0.2 英里，以后每 0.2 英里加收 0.4 美元；高峰时刻（周一到周五下午 4 点到 8 点）附加费 1 美元，停车等候每小时 24 美元。从消费者的角度来看，乘坐出租车费用并不太高。据介绍，在美国最大的 26 个城市打车，前 5 英里（约 8 公里）最贵的是波士顿，为 16.52 美元，最便宜的是圣路易斯和芝加哥，分别是 8.33 和 8.8 美元。而纽约则正好在中间，前 5 英里 12.9 美元。

城市出租车也有计价器，上面明码标价你需要付多少钱。所以你即使不懂英文也没有关系。与中国不同的是，付帐时你需要给 10~20%的小费。要是你怕出租车司机带着你乱跑多收费，你也可以事先查一下这个网站，输入起点与终点，计算一下出租车的价格。

http://www.worldtaximeter.com/

如果你不在大城市，路上通常出租车的影子都找不到。这时候你就要使用电话预约服务。公司的调度员会把你的地点和电话告诉在附近的出租车司机，同时还会告诉你出租车的车牌号码，司机的联系方式，和大概等待的时间，有点像现在打车软件的真人原始版。如果你是第二天早上赶飞机，你也可以通过电话预约服务让出租车在约定的时间到你家门口接你。这时你要告诉电话调度员你们有几个人，行李有多少，好让他们派遣大小合适的车来接你们。

每个城市的叫车电话不同，最简单的方法就是在谷歌中输入城市名+taxi，搜索当地的电话公司及电话号码。现在美国的打车软件也非常成熟，规模最大的两家是 Uber 和 Lyft。 你可以事先在手机上下载以备用，省去打电话的烦恼。美国大城市的出租车司机往往以南亚（印度、巴基斯坦等国）的移民为主，说话口音比较重，刚从中国来的人即使英语六级一百托福满分也不一定能完全听懂。有一个打车软件可以帮助省下不少交流上的麻烦。

3.6 如何坐公共交通？

如果你问美国人如何坐飞机以外的公共交通，估计十有八九不知道。首先在美国没有真正的高铁，其它铁路也又慢又贵。除非你住在称为“东北走廊”的从华盛顿经费城、纽约到波士顿的城市带（那里有称作 Acela 的快速火车），或者就是有钱有闲想体验异国风情，一般不要去坐火车。作者有个朋友当年不信邪，坐火车从华盛顿南下去佛罗里达，结果实在受不了，回程就把票退了，改乘飞机。

因此美国人大多数喜欢自己开车。几个小时的路程就自驾，再远就先飞过去，再租个车自驾。这主要是除了几个大城市以外，美国的公交系统非常不发达。与中国相比，车速慢，站点少，班次也非常稀疏。所以有可能的话，大家都不去坐公共汽车。但在大城市里，开车停车都不是很方便，还是有不少人乘坐公交的。

图表 3-1 坐公交离不开公交卡

这边黄色的是纽约城的公交卡，右边蓝色的是洛杉矶的公交卡。拿着它们既可以坐公共汽车，也可以坐地铁。你需要到自动售票机或售票处购买或充值。

尽管各个城市公交系统的运行不尽相同，但为节省人力，很多公交车都是无人售票，一辆公交车就司机一人所有全管。一般的车只有两个门，都是在前门上。司机旁边有个票箱，一张车票在 50 美分到 2.5 美元不等，主要是根据你所居住的地方和上下班高峰而定的。也可以买日票，月票，充值卡。如果是上车用现金买票的话，车票不找钱，车票上面印有买票的时间和失效的时间。一般一张票两个小时内随便换乘。就是说你买票上车，但如果需要倒车，再上另外一辆的话，只要把车票放进票箱里读一下就行了。只要在票失效之前，都可以用，不用再交钱。有的城市需跟司机要一张转车卡（Transfer Card）。

如果你使用日票、周票、月票或充值车票，电脑会自动记录时间，在规定时间内到下一辆车刷卡也不会扣钱。

如果是坐地铁，事情就简单得多了。在地铁站的自动售票机上根据提示购买地铁车票，刷卡进站刷卡出站，大概全世界都是这样。在像纽约洛杉矶这样的大城市，自动售票机上可以选择中文服务，对于从中国来的游客就更加方便了。

图表 3-2 纽约城的公交卡自动充值售卡机有繁体中文界面

3.7 汽车租赁应注意什么？

既然在美国坐公交那么不方便，在很多地方不如租辆汽车自己开。美国大大小小的租车公司很多，最大的两家是赫兹（Hertz）和安飞士（Avis）。他们都有中文网站可以在中国直接预定：

- 赫兹： http://www.hertz.cn
- 安飞士： http://www.avis.cn/

其他比较大的租车公司还有 Enterprise（据说是巴菲特投资的公司），Budget, Alamo, Dollar Rent A Car, 等等。你可以去他们的网站比比价钱和车型。

因为你可以直接去中文网站预定汽车，我们在这里就不重复租车的手续了。在这里这是提醒几点。

1. 坐车一定要提前预约，否则到现场租车一来价格会更贵，二来不一定能拿到心仪的车辆。

2. 美国租车必须使用信用卡。这主要是为了防止汽车盗窃和支付车辆违章罚款。

3. 如果你有某些信用卡的金卡和白金卡，他们可能会有一定程度的汽车保险，通常是汽车碰撞损毁险(Collision and Damage Waiver，简称 CDW)，你可以婉拒柜台服务人员向你推销的这个保险。但其它的险种有时还是很必要的。如果你在美国有车有自己的保险，也可以把保险转过去。具体要看你的保险的要求。

4. 如果你持有中国的驾照，拿一份公证过的英文翻译件（有的地方不公证也可以），在大多数州（大家常去的纽约州、加州、佛罗里达州、宾夕法尼亚州、马里兰州、弗吉尼亚州、华盛顿州和首都华盛顿）都可以租车，而不需要所谓“国际驾照”。全球有 60 多个国家和地区签署过《联合国道路交通公约》，互相承认驾驶执照，由于语言不同，这些国家的公民去往其他协议国家的时候应该携带由其本国驾照管理机构颁发的英文证书，这种英文证书被称为国际驾照。这种所谓的国际驾照必须与本国驾照同时使用方为有效。中国没有签署这个协议，因此中国的交警部门当然不会出具英文证书，中国公民也就不可能掌到什么国际驾照了。拿到的也是假的，反而会有问题。

   在另外一些州，比如新泽西、德克萨斯、夏威夷，持有中国驾照不能租车。但如果你只是开车经过，也没有什么太大的问题。但千万不要出事故，一旦遇到警察发现你的驾照不合法，那就会出大问题了。

3.8 如何给汽车加油?

美国的汽车非常多，加油站自然也就少不了。在一些大的路口，小镇的主路和公路两旁，高速公路的出口附近，都能找到大大小小的加油站。有的是24小时营业，也有的在夜里和节假日休息。

在中国，加油站都是全套服务，司机只要交钱，加油站的服务人员就会把其余的工作都给包办了。在美国，你也可以如此，叫做完全服务(Full Service)，但你要停在专门写着Full Service的加油口。在这里除了加油费以外，一般还要给些小费，而工作人员也会看情况帮你把车窗擦一下。但对于大多数人来说，选择的是自助服务，由自己来为自己的汽车加油。当然，凡事必有例外。在新泽西和俄勒冈两个州，法律禁止自助加油，你只能在车里等工作人员来为你服务，而你也就没有必要付小费了。

图表 3-3 加油站的服务

加油站分全服务（Full Service）和自助服务（Self Service）两种。前者不用下车，但往往要付小费。

美国加油站的汽油一般分普通（Regular）、中级（Midgrade）和高级（Premium），而加油站和老百姓都将其中的中级汽油叫作“次高级（Plus）”，听起来好听一些。 有的加油站会用更加通俗的办法，比如分成普通，银色（Silver）和金色（Gold）。而有些加油站会直接用标号，比如87、 89、93。 无论如何，大家都能一眼就看出其中的意思。对于普通车辆来说加普通油有就可以了，有些豪华车需要加高级油，买车或租车的时候经销商都会跟你说明。

美国很多地方还实行英制，加油站也是如此。他们的价格是按一加仑算的。一加仑等于 3.7854 公升。跟中国比价钱的时候除以这个换算单位再乘上当时的汇率就可以了。据说在 1970 年代美国国会曾经要求所有的单位都改成公制。加油站也被要求从加仑改成公升。于是有些不法商人就只改单位不改数字。也就是说假如原来每加仑一块钱现在变成每公升一块钱。结果遭到大家的抗议，后来这个法案也就不了了之。

在有些地方，加油站要把收取信用卡的手续费转嫁到顾客身上，因此他们会列出两个价钱，一个是信用卡价高一点，另一个是现金价，会低一点。但在大部分发达地区，两个的价钱基本都是一样的。

图表 3-4 美国汽油的价格都是标到 0.9 美分

加油之前一般都要先付钱。或者是先交现金，或者先刷卡，然后才能开始加油。

如果是付现金(Prepay)，你需要先把车停在加油泵旁边，查看并记住加油泵的编号。之后带上钱包到店里付费给加油站的服务员。告诉他用哪个泵加油、需要加多少。比如你在二号泵旁边想加二十块钱的油，就跟他说“Please add twenty dollar to number 2”。

如果是刷卡，你也可以用同样的办法在加油站的小店里先进行卡的预授权。但大多数人都直接在加油机上自主操作(Pay at the pump)。方法是找到插卡口，把卡插进去，然后迅速发出。对于借记卡

(Debit Card)，你需要输入密码。而对于信用卡(Credit Card)，一般加油机会接着让你输入信用卡的帐号地址(Billing Address)的邮编 (Zip Code)。 因此你要自助加油的话，需要有一个美国的信用卡。如果你只有中国的信用卡，有的加油机输入 00000 也可以，但大部分就需要你去店里付款了。

图表 3-5 选择信用卡自助加油

如果你用现金加油，那回来的时候，只需要选择你要加的油类型，拿下油枪，按住“扳机”，就可以了。有些油枪有一个扣，把扳机顶在扣上，就可以把油枪放在那里自己加油，你就可以欣赏欣赏周围风景了。等油加满了，油枪的扣会自动弹起停止加油。

如果是用卡加油，需要等个 2-3 秒，待显示屏提示“Please remove the nozzle”之类的话，就可以拿下油枪，照上面做法加油。某些加油机不带按钮，这时你需要把那个加油机上的放油枪那个支架往上抬一下，相当于按按钮的作用，然后再加油。加完油把支架放下来，油枪回位。

加油完毕后，显示屏通常会问你是否要收据，这就看自己了。有时可能还会有洗车的服务。

除非你的车是柴油车，比如皮卡、货车或某些德国车，否则不要加柴油（Diesel）。有的加油站柴油泵和汽油泵是分开的，不要看那里没车就冲过去。有的加油站两者在一起，柴油的选项一般都是绿色，而且会有单独的加油枪。如果你不小心误加了柴油，千万不要发动、开动你的车，赶紧请专业人员把柴油从车的油箱里抽出去。一旦启动了你的车，柴油就混到了整个发动机里，很可能会报废发动机。另外加油站一般附设有给汽车轮胎打气和吸尘的设备，可以投币使用，简单保养一下车子。

图表 3-6 柴油车加油跟汽油不能混

柴油的加油枪一般都是绿色的。千万不要跟汽油搞混。

3.9 过桥过路费怎么交？

谁说美国不交过路费的？作者上班每天要过一条河，因此需要走一座大桥。每走一个来回，就需要交五美元的过桥费。而有人统计过，从华盛顿驱车去纽约，不到四百公里（240 英里）的路程，2015 年一路上交的过桥费、过路费和高速公路费加起来有 38.55 美元。回程由于一些地方单向收费的原因，会少一些，但也有 23.55 美元。开车旅游或者上班，除了汽油钱要精打细算之外，过桥过路费也要搞清楚。

各种过桥费、过路费和高速公路费都统称 Toll。一般在离收费站半英里甚至一英里的地方，就会看到告示牌，告诉你该交费了。有时你还会看到一个贴心的牌子，“Last Exit Before Toll（这里是收费站之前的最后一个出口）”，让你早作准备。

图表 3-7 小心公路收费站

离收费站一英里（1.6 公里）就告诉你前面有收费站。左边的指示牌例子还告诉你去到不同的路要花多少钱。你要是用 EZPass 电子缴费的话可以走快速通过的便捷车道。右边的指示牌例子告诉你这里是缴费站之前的最后一个出口了。没电子缴费卡也没带钱的话还来得及下去找银行或 ATM 取钱。

当你继续开车向前接近收费站的时候，你会继续看到指示牌。现在几乎所有的收费站都接受电子收费（ETC）。在美国的东部，由于收费站比较多，收费系统也比较发达。占统治地位的是一个叫做 EZPass 的系统。你可以自己申请一个 ETC 的车载缴费仪（Transponder），只要到互联网上搜一下相应地区的 ETC 管理局就可以了。比如说 EZPass，虽然你可以用一个缴费仪走遍北到缅因，南到北卡，西到伊利诺伊，但仍需要在某个州申请并接受管理。一般是你的车子注册的州。不过当你搬家之后，也不需要更换。每个缴费仪需要月费从 0.5 到一美元不等。初次申请时需要缴二十五到三十五美元的预交费。之后就可以连到你的信用卡上自动扣费了。下面是几家常见的 ETC:

- 东岸大部分地区：EZPass
- 佛罗里达：SunPass
- 加利福利亚：FasTrak
- 德克萨斯：TxTAG

如果你是到美国旅游，租车的时候也可以向租车公司要一个 ETC 缴费仪。当然，他们不会白给你使用。有的公司价格合理，有的却比较黑心，一定要事先问清楚价钱。

如果你没有电子缴费仪，可以事先多准备一些零钱存在车子里。

图表 3-8 电子缴费仪省时省心

电子缴费仪(Transponder)一般都粘在车内后视镜后面的车前窗上。这样能保证收费站的天线能读到你的缴费仪。一般电子缴费仪的使用者都有专门通道。在离收费站很远的地方就会有告示牌提醒你。

到了缴费站，根据自己的情况选择相应的收费口。ETC 专用通道一般是无人值守，但会有摄像头防止有人闯关。如果你不小心走错了误入 ETC 专用通道，不要停，径直开过去就是了。到了安全的地方，给收费站的管理局打个电话，告诉他们你走错了，他们会给你发个账单让你补交费用。要是你不联系管理局，摄像头会通过你的车牌号找到你，除了补交费用之外，还会有一笔不菲的罚款。

要是你选择交现金，还分是刚刚好的还是有找零的。如果你手头有刚好那么多现金来缴费，选择 Exact Change（钱正好）会比较快。当然，没有的话，就去普通车道慢慢排队吧。有的缴费站还收信用卡，但这就要碰你的运气了。

图表 3-9 缴费站选通道

过缴费站时要看清上面的标志，搞清楚自己应该从哪个通道过去。有 ETC 的话一般不用停下来，但要减速。有些快速通道则连减速都不要，直接按 55mph(每小时 55 英里或时速 88 公里)的速度开过去就行了。

3.10 入住旅馆旅店有哪些需要注意的？

入住旅店旅馆，基本上中美之间没有什么差别，也就是先订旅馆，到了之后在前台办理入住手续（Check In）。离开的时候结账还卡（Check Out）。下面我们提醒几个需要注意的事项。

如果可能的话，旅店最好提前预订。预订的价格一般都比临时找上门的价格便宜。有时即使你已经站到旅馆门口了，打个电话进去得到的价格都可能比直接进门去问的价格低，因为你进了人家的门就不太可能再去找别家旅馆了。要充分利用互联网。很多旅店都有自己专门的预定网站，上面既有报价也有旅馆介绍和房间照片，可以用信用卡完成预定。

一般酒店通常要至少要有一个满 18 岁的人(有些甚至要 21 岁)才能办理入住手续，所以就算能订(订房时候大都不管年龄)，没大人陪也住不进去。所以高中生和刚上大学本科的留学生如果要住酒店的话最好能有一个大人陪伴。

如果你带孩子入住旅馆，大多数情况儿童都是免费的。免费的门槛有的 12 岁，有的 19 岁，不确定的话，可以打电话给旅馆。如果如果需要加床，大部分都要单独付费。

如果你使用信用卡定的旅馆，入住之前前台都会刷卡授权，也就是说他们先会通过刷卡冻结卡上的一部分金额作为押金，但实际上钱并没有划走。到了退房的时候，他们会再刷一次卡真正地把费用扣除，多退少补。如果你用另一张信用卡或现金结账，原来冻结的资金都会解冻。有很多旅馆你走的时候不用跟前台退房，直接走人就可以了。他们会自动根据入住时的授权从你的信用卡上把钱扣走。

在美国的酒店，一般要给打扫房间的服务员一些小费，金额 1 美元到 5 美元之间。出门前把现金放在一个醒目而且不会引起误会的地方，比如卧室的枕头上，厕所的台子上，或者房间的桌子上。

3.11 美国住什么样的房子？

美国的房子一般分成几种：

独立屋(House)，也就是大家常说的别墅。独立屋是独门独户，前后左右跟邻居都有一定的距离，基本上都在郊区，也通常会有自己的前院、后院、车道等等。有的还会有自己的车库。屋主（Owner）拥有独立屋的产权，但也要自己负责物业，比如割草铲雪等等。独立屋通常比较大，一般都会有三到四间卧房，从中国到美国的年轻人和学生通常要么是几个人合租一整套房，要么是只租一间房间（这种方式称为 Homestay），独立屋的主人一家还住在这里。对于前者，主要优势是比较自由，几个生活习惯相似的人住在一起比较有共同语言。美国的大学生在上到大三以后，往往也会和几个朋友搬出宿舍，在学校附近的居民区里租一个独立屋生活。对于后者，主要优点是房客可以设身处地的感受美国文化、练习口语，迅速融合到美国当地的生活中去。但这需要和房东家庭的生活方式相契合，否则容易引起矛盾。另外，由于独立屋一般都是在郊区，除非自己有车，或者处在学校的周围，否则交通可能会不太方便。独立屋的出租往往是由房东直接进行或委托中介进行，有时不是很正规，需要仔细把合同签好。有些独立屋的租客需要负责保持屋里屋外的清洁，也需要铲雪割草。有些房东则是把这些活儿外包出去，而直接把成本打到房租里。

排屋（Townhouse），也称为联排别墅。这种房子虽然像独立屋一样独门独户，但通常左右跟跟邻居是连在一起的。有的会有车库和后院，有的没有，还有的会有一些公用院子。排屋的屋主也拥有墙以内房子的产权，但墙之外这是公共产权。每年和每月需要交物业费，用来割草、铲雪和集中维修房顶、车道、花园等公共设施。对于租客来说，租排屋或独立屋没有什么区别。

公寓（Apartment），有时你会看到在唐人街等地称之为柏文的。这往往是一栋或一片单元楼，被一家房产公司统一地管理和出租。公寓的出租过程跟其他房屋理论上没有什么区别，但比较正规。因为管理人员不是房东，所以一般都是公事公办。租公寓的时候，你只需要房间内的清洁就可以了，门外楼梯的打扫、走廊的卫生、花草树木的修剪、还有冬天的铲雪都有物业公司负责。城外的公寓都会有自己的停车场，城内的公寓往往都有门卫。有的公寓还会有公用的洗衣房、健身房，网球场或游泳池。

还有一种公寓叫共有式公寓（Condominium，简称 Condo）。它的管理跟普通公寓一样，区别在于里面每个单元的产权归个人所有，所以你租房的时候是跟房东打交道。这跟在中国的租房非常相似。

如果你到美国是来上学，那么还有一种非常特殊的选择，那就是住学校宿舍（Dormitory，简称 Dorm）。学校宿舍通常是本科生两人间，研究生一人一间，但共用生活设施比如浴室和厨房。住宿舍直接跟学校申请就可以了，不用跟房东或者中介打交道，也不会查你的收入和信用历史。住在学校里面既安全又方便，参加各种活动也比较容易。很多学校也要求本科一二年级的学生必须住在学校宿舍里。但学校宿舍的房租通常比在外面租房要贵一些。在有些学校，学生对宿舍的需求很大，要抢到一间宿舍还真不是那么容易，甚至需要通过抽签决定谁能住进去。你一旦收到你喜欢的学校的录取通知后，马上把住房申请表填好寄回。可能还需要交一笔订金。 另外，由于暑假里大部分学校本科生都回家了，很多宿舍都会关掉，不回家的同学需要搬到仍就开放的那一两栋楼里面集中住宿，开学时再搬回来，比较麻烦。

3.12 在美国怎么租房？

如果想住的时间长一些的话，肯定不能总住旅馆。在买房之前，大多数人都会先去租房住。据美国政府的数据表示，美国大约有 60%到 70%的人都在租房。

首先你要找到房源，如果你人在中国或外地，或者你不喜欢麻烦，可以通过中介来找房子。通过中介的好处是省事省时省力。你只要把自己的要求告诉他，中介就可以帮你在相应的地段相应的价位找到合适的房子。在美国不同地方的治安可能会相差很大，如果你不熟悉当地的情况，说不定会不小心找到黑帮云集毒品泛滥的地方。到租房时，只要上网就可以搜到当地几家比较大的房屋中介，跟她们打电话或发邮件说明你租房的要求，他们一般都会在一两天内给你找到符合条件的房屋信息，例如地址、房间数、租金、详细照片、街区位置、附近的学校商店等等。现在很多房屋的信息里还包括 360 度视频，让你能全方位的看到房子的每个角落，非常适合远程租客。你可以从中筛选出几个比较满意的，让中介提供更多的信息。或者亲自到当地让中介带着你去看房。绝大多数的中介手头都有很多房源，你要是这一批没有满意的，可以向他继续要，直到找到满意的为止。

中介最大的优点就是，会根据自己的工作经验帮人们筛选掉不好的房东和有问题的房子。中介的缺点则是价格贵。大部分中介会向租房者收取一定数额的中介费，也有只向房东收取中介费的。但无论是哪一种，通过中介租房，每月的房租普遍高于自己去租。还有很多租房者喜欢与朋友或同龄人通过当地房产公司合租一个公寓，水电杂费一律均摊。因大家上课或上班时间的不同也很少会因为共用洗手间和厨房而发生冲突。若是能找到志同道合的室友，还可以一起做饭和出行。但根据大部分美国房产公司的制度，必须签至少半年的租房合约。一般房产中心的房源半年合约的月租都普遍高过一年合约的，除非租房者确定能住满租约期，不然绝大多数房产公司都不允许转租，会白白浪费钱财。

如果你对自己的能力有信心，你也可以自己找房。你可以去看报纸杂志的布告栏或上租房网站寻找。在街头卖报纸的地方和商店里往往也有专门登当地房源的广告册子。 大家常用的租房网站有 craigslist.com, zillow.com, trulia.com, 等等，这些网站上的租房买房信息应有尽有，从价钱到照片到地理位置都可以看到。另外各个房产中介的网站也会放很多房源，尽管他们有时会把地点或房东的信息屏蔽，但也是一个很好的参考。

Craigslist 有点像国内的 58 同城，在上面可以免费发布和寻找跟日常生活相关的各种信息，包括租房、买车、交友、短工、二手货等等。很多个人房东都会倾向在 Craigslist 发布自己的房源信息，信息内容包括对住客的要求、合同期长短、房屋图片、现住房客介绍等。美国很多租房者都是通过浏览这个网站找到房源的。首先输入想要租房的地点和房租的预算等信息，之后 Craigslist 会筛选出符合租房者要求的房源。看过房间介绍和照片如果感兴趣，就可以直接联系房主询问并看房。此网站的弊端在于有些人利用发布租房信息来骗取租房者的个人信息。所以一般回信如果有询问银行账号等个人信息的，请及时屏蔽和举报。

zillow.com，trulia.com， rent.com，roommate.com 是比较专业的买房和租房网站，上面中介比较多，有些可能还需要注册和付费。但这些网站除了发布房东本人提供的内容，还会放上网站的数据库里所包含的信息。因此比较适合对房源的具体研究。很多人往往把几个网站合起来一起看。

当你找到中意的房子时，你先需要跟房东填写一个租房申请表（英文名 Application）。上面一般会要求你的姓名、地址、联系方式、工作单位、收入多少、社会安全号码、住进来多少人、是否有宠物、什么时候入住等等信息。房东根据你的申请表查看你的信用历史和经济状况，决定是否把房子租给你。一般来说，学校周围的房东会比较通融一些，但其他地方对信用历史的考察会比较严格。为了方便本书的读者，我们在章节的最后附上一个比较通用的租房申请表，大家租房前可以事先研究一下，也可以对照将来房东给你的申请表看有什么超出常规的地方。

如果你的申请通过了（Approved），你就需要和房主签订租房合同（Lease）。租房合同是一份法律上有效的合同，规定合同签署人要租的具体的房间或房子以及租用的时间长度，同时也规定房主在这段时间内必须把房子租给合同签署人。除非你打算在整个合同期间住在那里，不然的话不要租必须签合同的公寓。一般的租房合同期限都是一年，但也有先租半年或三个月，之后按月续租的，当然租金会比较高一些。 很多人在买房前会把租房合同改成后种。对于长租比如两三年相应也会有优惠。同样为了方便读者，我们在本章的最后也附上一个比较简明的租房合同供大家做参考。

一般的房东都会要求房客缴纳一个月的押金，在搬入前再预付第一个月的房租。这叫做“预付房租”。预付房租是为了确保房客在搬走前至少 30 天通知房主。对于很多刚从中国来的房客或刚刚毕业的学生来说，由于个人的信用历史不足，许多房东还会要求支付一笔安全押金（Security Deposit），通常也是一个月的房租。有时这个安全押金也会以清洁押金的面目出现。这笔押金的目的是确保房客不会损害东西，确保房客搬走的时候公寓一切完好。如果房客搬走时公寓状况令人满意，房主会退还安全押金。你应该保存押金收条，作为凭证。这里需要强调的是，房间走的时候一定要把所有的家具都搬出去或者卖掉，房间里什么都不剩，然后彻底打扫卫生。如果房间卫生的很差的话，房东可能会扣很多钱，有的甚至直接把一个月房租全扣了。毕竟押金在别人手里，没必要扯皮。

签合同前，和房主或经理一道检查公寓，列出所有你搬走时不应该承担责任的缺陷之处，比如说，前房客在墙上挂画留下的钉子眼、开裂的地板、损害的木件或地毯上的污渍。你一定要知道作为房客的权利和责任以及房主的义务，这是十分重要的。询问有关的规定和限制。房间有任何问题，一定要提前说清楚，包括水电、卫浴、厨房器具。住进去后再出问题更麻烦。 只接受详细写清楚规定和条件的书面租房合同。在签署任何租房合同前，一定要先清楚而彻底地弄明白合同的内容。你可以向房主要求把合同拿走几分钟，甚至提前一天，以便能够细看，这样做是普遍可以接受的。作为房客，依法房主应该给你一份租房合同。你不必马上签署合同。你如果是学生，也可以向学校的有关办公室征询。许多学校都向计划住校外的学生提供咨询服务。最后说的就是签合同的时候一定要问清楚冬天的供暖时间从什么时候开始，到什么时候结束，如果供暖出现问题怎么办 。同时如果房子不能在合同规定的当天搬进去，该如何赔偿 。一定要仔细看合同的每一个条款，想可能出现的各种问题，所有疑问都要问清楚，要不然之后麻烦会非常多。尽管一个详细的合同会有很多页，你还是要硬着头皮读下去 。将来买房的时候，你需要阅读的合同会更厚，所涉及的金额会更多。

3.13 如何支付账单？

安顿下来之后，每个月都要应付的就是从四面八方寄来的账单，有水电煤气，有电话互联网，还有房租信用卡。一个不小心忘了交或者晚交，都会被罚款甚至被告上法庭。其实如果银行里有足够的钱，支付帐单还是很容易的。只要你知道往哪里付，付多少，什么时候付，同时付帐的时候，告诉收款方你是谁就可以了。下面我们以一个电力公司的账单为例，向大家介绍一下怎么看账单，怎么付帐。

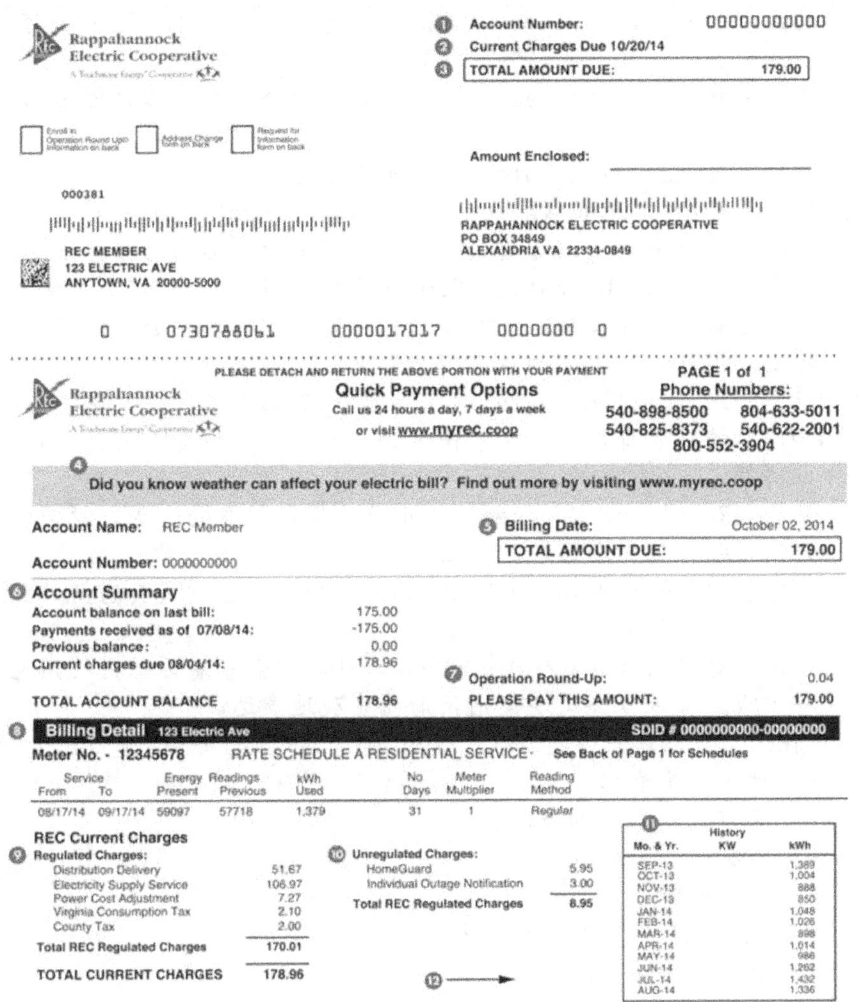

Rappahannock Electric Cooperative

1 Account Number: 00000000000
2 Current Charges Due 10/20/14
3 TOTAL AMOUNT DUE: 179.00

Amount Enclosed:

000381

REC MEMBER
123 ELECTRIC AVE
ANYTOWN, VA 20000-5000

RAPPAHANNOCK ELECTRIC COOPERATIVE
PO BOX 34849
ALEXANDRIA VA 22334-0849

0 0730788061 0000017017 0000000 0

PLEASE DETACH AND RETURN THE ABOVE PORTION WITH YOUR PAYMENT

PAGE 1 of 1

Rappahannock Electric Cooperative

Quick Payment Options
Call us 24 hours a day, 7 days a week
or visit www.myrec.coop

Phone Numbers:
540-898-8500 804-633-5011
540-825-8373 540-622-2001
800-552-3904

4 Did you know weather can affect your electric bill? Find out more by visiting www.myrec.coop

Account Name: REC Member

Account Number: 0000000000

5 Billing Date: October 02, 2014

TOTAL AMOUNT DUE: 179.00

6 Account Summary

Account balance on last bill:	175.00
Payments received as of 07/08/14:	-175.00
Previous balance:	0.00
Current charges due 08/04/14:	178.96
TOTAL ACCOUNT BALANCE	178.96

7 Operation Round-Up: 0.04
PLEASE PAY THIS AMOUNT: 179.00

8 Billing Detail 123 Electric Ave SDID # 0000000000-00000000

Meter No. - 12345678 RATE SCHEDULE A RESIDENTIAL SERVICE · See Back of Page 1 for Schedules

Service From	Service To	Energy Readings Present	Energy Readings Previous	kWh Used	No Days	Meter Multiplier	Reading Method
08/17/14	09/17/14	59097	57718	1,379	31	1	Regular

REC Current Charges

9 Regulated Charges:

Distribution Delivery	51.67
Electricity Supply Service	106.97
Power Cost Adjustment	7.27
Virginia Consumption Tax	2.10
County Tax	2.00
Total REC Regulated Charges	170.01
TOTAL CURRENT CHARGES	178.96

10 Unregulated Charges:

HomeGuard	5.95
Individual Outage Notification	3.00
Total REC Regulated Charges	8.95

12

11 History

Mo. & Yr.	KW	kWh
SEP-13		1,389
OCT-13		1,004
NOV-13		888
DEC-13		850
JAN-14		1,048
FEB-14		1,026
MAR-14		898
APR-14		1,014
MAY-14		986
JUN-14		1,262
JUL-14		1,432
AUG-14		1,336

图表 3-10 一个典型的电力公司账单。

收到账单之后，你可以寄支票付帐，也可以用网上银行，极端情况下甚至可以自己到电力公司的服务部亲自付款。

首先解释一下账单上标注的各个栏目的意思：

1. 帐号(Account Number)。每一个用户对有一个独立的帐号。你付款或打电话咨询的时候可以用这个帐号迅速找到你。
2. 账单截止日期（Current Charges Due Date）。为避免滞纳金，这个日期之前公司必须收到付款 。注意这不是你付账的日期，要提前几天才能避免晚交。

3. 总到期金额（Total Amount Due）。包含现行收费及过去任何未付的余额（如果有的话）。
4. 重要消息（Bill Message）。每个月电力公司想跟客户传达的消息。
5. 账单日期（Billing Date）。开出这张账单的日期。
6. 帐户总额/预算总额（Account Summary/Budget Summary）。自上次账单以来的任何费用及付款，这用来计算你的总帐户余额。
7. 向上凑整行动（Operation Round-Up®）。这是一个该公司为支持当地社区和非营利组织而发起的公益活动。其它公司没有这个栏目，但可能有类似的活动以提升自己的形象。
8. 计费明细（Billing Detail）。比如电表的表号，税率表，当前和以前的抄表日期，读数，使用的总千瓦时，计费天数，和读取方法等。
9. 税费（Regulated Charges）。州政府规定收取的税费。税费的详细说明一般列在账单的背面。
10. 其它费用（Unregulated Charges）。公司自己购买其它产品和服务产生的费用。
11. 使用历史记录（Usage History）。可以用来查看你每月的用电量增减。有很多公司还使用条形图直观地表达。
12. 在账单背面还一般有
    - 地址变更表格、
    - 获取更多信息的方法、
    - 办公时间和地点、
    - 现行电价、
    - 规定税费的详细解释、和
    - 其它重要信息。

每月收到帐单以后，你要从头到尾仔细阅读，因为上面有很多信息。尤其重要的是上个月你已经付的款有没有上帐，这个月的应付额计算上有没有错误。你还要看一下这个月的账单跟历史相比有什么异常，如果有的话找一找是什么原因。比如说上个月天气太热或太冷导致用电太多，来了客人用水增加，还是出去旅游信用卡消费增多。如果没有特别的原因，就要看看账单计算有没有错误了。

如果账单没有错误，那就要及时付款。有时候滞纳金可能会比账目数字都要来得多。大多数时候你都可以用支票来付账。通常要把账户号码写在支票上面。写好支票之后，撕下帐单上的回执，塞进水电公司或者信用卡公司提供的信封里，贴上邮票寄回去。一般在提供的信封上面都事先印好了邮寄地址。如果你嫌写支票太麻烦，也可以用电子付款的方式，并且设置每月自动还款。具体办法我们在下一章讲解。

3.14 什么地方要给小费，怎么计算？

在美国大部分需要服务的地方，比如餐饮、酒店、出租车、导游、理发等等，都要给小费。主要是因为这些服务行业员工的工资相对比较低，小费能帮助他们达到最低的生活收入，而且能鼓励他们提供更好的服务。下面我们就列出几个经常要给小费的地方。

1. 餐馆饭店。 只要是有人给你端茶送水，你就要给小费。如果服务一般的话，小费金额在普通餐馆是帐单上的 15~20%，而自助餐是 10~15%。如果你觉得服务很好，不妨多给一些，比如增加账单金额的 3%到 5%。当然，有时有的服务态度实在太差，你可以减一些作为惩罚，但基本不能不给。给小费的方法可以是把现金放在桌子上，当服务员收拾桌子时拿走。但现在更多的是直接把小费签在信用卡的单子上，这样可以省去现金零钱不够的问题。在先交钱后取饭菜的快餐店一般不用给小费。

2. 叫外卖时，如果餐馆离你住所的距离很近，一般是一到两块的小费，远一点就是两到三美元。如果外卖的量很大，给五块钱也很正常。如果你在餐馆定了饭自己去取，一般不用给小费。态度特别好的时候，给一块钱也很正常。另外如果你是请客办 party，或者公司午餐会，定了很多，请餐馆服务员帮你搬到车上，还要了很多纸盘纸碗塑料刀叉什么的，一般的服务员也会期待着拿到 5%到 10%的小费。

3. 在机场，柜台上托运行李不用给小费。但人多的时候，在机场候机室外面可能会有一些临时柜台，你下车就能托运而不用去里面排队，这时一般一个托运行李给一块钱的小费。如果家有老人或残疾人，使用机场轮椅服务，一般会给三到五块钱的小费。如果路程特别长或者服务特别好，不妨多给 一些。机场租车公司的穿梭大巴，如果司机帮你拿行李，每个行李给一块钱的小费。下了飞机取行李，有人帮你拿下来放到手推车上，再拉到外面等车的地方放下来，也是一块钱一件行李。

4. 理发馆一般也是给理发师 15%的小费，最少不能少于一块钱。帮你洗头的服务员一般是一两块钱。美容院里一般也是这个价格，但如果有好几个人为你服务的话，一般是发型师给 10%，另外再拿出 10%给其它人分。美甲师则是每人一块，特别满意的话多给一些。

5. 出租车的司机也是 15%的小费，如果很少的话，付款后不用找零（Keep the change）。如果司机下车帮你拿行李，一般也是每个行李给一块钱。

6. 住旅馆的话，每天早上出来的时候都在桌上显眼的地方给打扫房间的服务员留下几块钱，最好再用烟灰缸或者什么东西压住一角表明你不是不小心忘在那里的钱。如果你叫旅馆服务员帮你从旅馆的餐饮部门为你送饭，一般要拿 15%作为小费。旅馆入住时，如果前台人员帮你把行李拿进房间，你要给五到十块钱的小费。如果门童只是帮你开门，不用给小费。但要是它帮你从街上叫来出租车，或者帮你拿行李，你需要塞给他一两块钱。当然，办理入住和结帐手续的前台人员是不用给小费。

7. 买家具和大型家电送货的时候，最少要给每个送货的师傅五到十块钱的小费。如果家具特别大，特别沉，需要组装，或者家里要上楼，每个人给 20 美元比较合适。

8. 参加旅行团的话，一般每个人每天要至少给五块钱的小费。不过你放心，每天行程快结束的时候，导游都会提醒你，随大流就可以了。

9. 还有一些其他的比如停车场帮你停车的服务生（Valet parking attendant）每次给一块钱，剧院、美术馆的衣帽间在取行李的时候给一元小费。不过像纽约大都会博物馆、华盛顿的航空航天博物馆等衣帽间不用给小费。你要给她也不会拒绝。如果搞不清楚，不妨仔细看一看前面的人是怎么做的。

第 4 章 如何支付

4.1 在哪里可以用现金？

俗话说“现金为王”，但那是指在股市上。在生活里，现在使用现金的地方还是很多，但却是越来越有限了。由于担心假钞（仅仅在 2011 年全世界就截获了大约两亿六千万的假美元），或者担心现金太多会引来抢劫犯（据联邦调查局 FBI 的数据，美国仅 2012 年就发生了三十五万多起抢劫案，很多还是持枪抢劫），所以很多地方小商店都不收五十元或一百元的大钞。几乎所有银行的 ATM 柜员机也只准备二十美元的钞票。除非你去逛跳蚤市场或是有什么特殊需求，你大可以把大额钞票留在家里，或者干脆存进银行。你要是带了太多百元大钞的话，说不定会让人以为你打算购买毒品呢。

图表 4-1 大面额钞票用起来不方便

左边这家商店要求你使用二十元以上的钞票（也就是五十或一百美元）的时候同时出示身份证件。而右边的商店则直接表示不收大钞。很多初到美国的华人往往习惯兜里揣着一些百元大钞。结果却经常买不到东西，甚至反而成为被小偷强盗盯上的对象。

当然，随身带一些现金很多时候还是很有用的。在大部分的快餐店，商店，和超级市场，他们虽然不喜欢大钞，但还是接受的。有些商店也备有验钞笔，还有些经常接触现金的地方也有验钞机（尽管不如中国普及）。有些地方也是不得不使用现金。比如去跳蚤市场，周末的车库二手货摊，城市街头的餐车和零食摊，由于卖的人要么不是专门的商店，要么不愿意缴纳信用卡的手续费，所以他们都喜欢收现金。但为了防止假钞，他们一般也不愿意接受五十元或一百元的大钞。而且他们卖的东西的价值一般也不会达到那么多。

4.2 怎么使用支票？

尽管信用卡和各种电子或移动支付在蓬勃发展，但在美国使用个人支票付款仍旧非常流行，尤其是在支付服务类的账单时，很多公司仍然愿意接受支票。对于常驻美国的人来说，使用或接受个人或公司支票仍然是生活中的一门必修课。

在中国支票一般都是在对公的场合才使用。而在美国，支票却没有那么高大上，反而是越老的人用得越多。其实一张支票可以看作是一张给收件人的条子，告诉他你保证付一笔钱，而钱的多少就写在这张条子上。为了让他相信你，你在这张条子上印上你的银行的信息，在上面签上你的名字。要是在商店付款的话，你有时还要再给售货员看一下你的身份证件。收款人拿着这张支票到他们的银行去存起来，之后他们的银行再跟你的银行联系，从你的帐户里把那笔钱取走，放到收款人的帐户里去。这个过程一般要花上两三天的时间。因为你拿到东西之后两三天，商店才把钱取走。所以，有人把支票看作收款人对你的一个小小的借款。

下面是一个典型的支票样本。

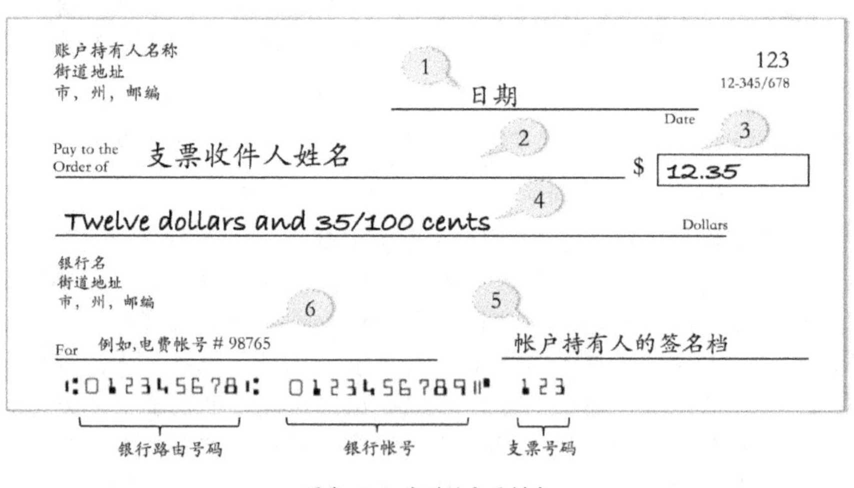

图表 4-2 典型的支票样本

- 银行路由号码(Bank routing number)是在交易中用于识别各个金融机构的九位数字。在美国是由美国银行家协会（ABA）来分配。这个号码用来标识钱从哪家金融机构取出来。路由号码有时又被称为“支票路由号码”，“ABA 账号”，或“路由过境号码”（RTN）。路由号码总是在支票的左下方，是支票底部数字行的第一组数字。
- 银行帐户号码（Bank account number）是指定给你的个人帐户的十到十二位数字。它总是印在支票底部的数字行中银行路由号码的右边，是第二组数字。您也可以在你的银行月结单上找到你的账户号码。
- 支票号码(Check number)是印在支票的右上角的数字，并同时印在支票的底部数字行银行帐号的右边。支票号码可以帮你查到你写了多少支票。

写支票的步骤

1. 在日期线上写明日期。
2. 在"Pay to the Order of" 右边的横线上写下你要付给钱的个人或公司的名称。写之前要确认你的信息正确，否则对方有可能拿不到钱。
3. 如果他是一个个人，要把姓和名都写上。
4. 如果是给一个公司或机构的，要把他们的全称都写上。除非他们告诉你可以，否则不要写简称。
5. 你也可以写付给现金，但要小心，因为这意味着谁都可以拿着这张支票去取出现金。
6. 在美元符号（$）右边的横线上写上你要支付的钱数。比如，你要支付十二块三毛五，就写上“12.35”。
7. 把支付金额的数目用大写写在"Pay to the Order of"下面的横线上。如果数目里有零钱的话，一定要把零钱数也写上。如果是个整数的话，在最后要写上“even"，这样别人就不能在后面添加数字了。比如，如果金额是 12.35，那你就写“Twelve dollars and 35 cents”，如果数目是整十块的话，你也可以写“Ten dollars and 0/100 cents”或“Ten dollars even”，或者干脆就是“Ten”然后在字后面画一条长线直到横线的尽头。
8. 在支票右下角的横线上签名。如果签名不对或者没有签名的话，收款人将没法从银行取出钱来。

9. 左下角写上这次付款的原因。比如，你要是付水电费的话，就写上水电费账户的号码。

美元符号$的来历

在很早很早的时候，美国还没有独立，那时北美的人用西班牙比索来进行交易。他们用符号 p[s] 来表示比索，后来就演化成$。

4.3 电子支票是什么？

过去当你需要支付一个管道工时，美国传统的办法是付现金或支票 - 拿出支票本，填上数目，名字，签字，撕下来，交给对方。在如今电子化的时代，你可以登录到计算机上，指示银行到时打印支票并邮寄给管道工。或更方便，可以登录到自己的智能手机软件，用手机银行，发布指令来完成。通过银行打印支票与手写支票具有相同的格式吗？答案是肯定的。

电子支票有哪些元素

- 电子支票和前面讲的印刷支票元素一样。因为都是 UCC（美国统一商法典）规定的。在一张支票账户的支票上，银行自动印上。
- 左上角有账户持有人的姓名，地址（街道，县市，州和邮编号码）。
- 中间是支票收件人的姓名和付款额度，分阿拉伯数据和文字说明。
- 左中下位置有银行名称，设施帐户的分支机构，县市，州，银行的电话号码，银行网站地址和/或银行的电子邮件地址可能会出现在本处。
- 支票的右上角和底部的支票号码。
- 右下角有账户持有人的签名。
- 在 MICR 领域的银行路由号码和银行账号。

现在很多人都选择使用电子支票来支付帐单，因为这既减少了写支票的麻烦，还可以省去购买信封邮票的费用。

要使用电子支票付账，你首先要有一个银行的网上账户。登陆以后一般你都能看到一个叫做付款的选项，英文名是"Bill Pay" 或者 "Pay bills"或者 "Online Bill Payment"。下面我们以花旗银行为例简单介绍一下步骤。

1. 登录进网上银行。

2. 点击"Payments & Transfers"，找到 "Add a Payee" 开始设置添加收款人。

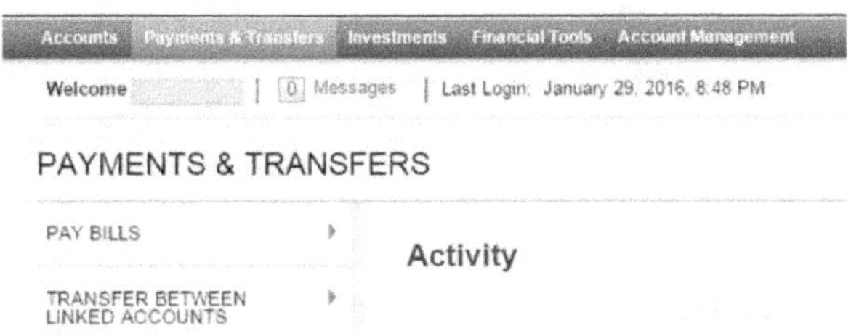

3. 填写收款人信息。有的收款人比如信用卡公司或者水电煤气公司，它们的信息早就存在银行的数据库里因此你只要选择就可以了。而有的收款人比如小公司或个人就需要你自己把他们的姓名、地址等信息输入了。最后别忘了点击确认来表示你完成了输入。

PAYMENTS

PAY BILLS
PAY CITI CREDIT CARDS
TRANSFER BETWEEN LINKED ACCOUNTS
CITIBANK GLOBAL TRANSFERS - U.S./ABROAD
WIRE TRANSFERS
EXTERNAL TRANSFERS
POPMONEY
MANAGE PAYEES

Add a Payee

Before you can make a payment to a payee, you must first add it to your payee list.

Please enter the new payee information. You can also use our Transfer Payment option to make faster payments to linked Citibank accounts. Link your account now.

Pay a credit card or other business
Select Credit Card
Select Other Type of Business
Card Type
Select a card type...
Next

Pay an individual
You can pay anyone in the U.S.
The payment is made by check, which arrives in 5-7 business days.
Next

Other ways to move money
Pay Other People in the U.S.
Popmoney
Wire money to someone in the U.S. or abroad
Make a Wire Transfer

4. 需要付帐的时候，来到同一个页面。这时候你需要的是点击“Pay Bills”。所有收款人都会被列举出来，找到你要支付的收款人，输入想要支付的款额和日期，再点击确认就可以了。对于水电费，你需要每次都输入不同的数目。但对于房租或汽车贷款，你每月付款的日期和金额都一样，可以设定每月定时定量自动付款。这样你就不用担心因为工作学习繁忙或者出门度假忘了付款了。

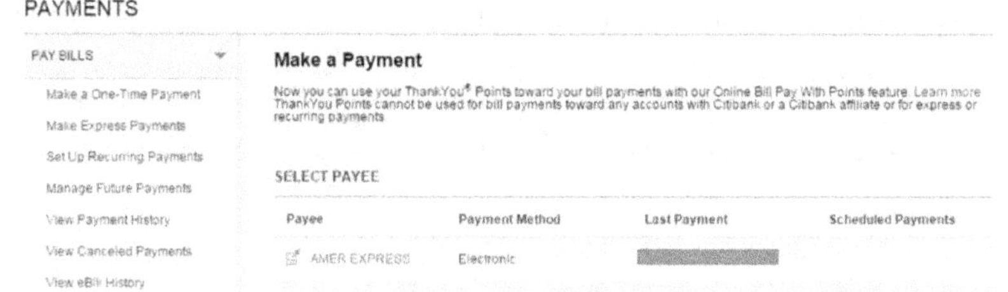

4.4 怎么进行转账？

在中国，大家都很习惯用银行卡在ATM机上进行转帐。但在美国这种转账方法却非常不流行，甚至很多ATM机都没有转账功能。大家要么写支票，要么进行网上转账。下面就以TD Bank为例，介绍一下怎么进行网上转账。网上转账分两种，一种是同银行转账，一种是跨行转账。首先说同行转账。

1. 登录网上银行，选择转账的界面。

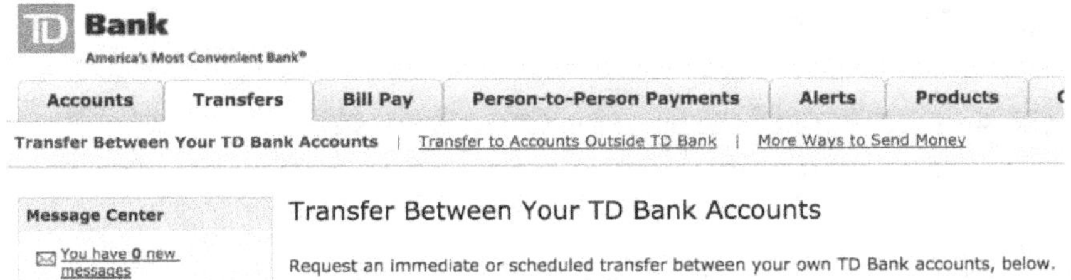

2. 输入转账的信息，比如金额（Amount），转出的账户（From），转入的账户(To)，转账的日期，等等。如果是每月都要进行的，比如把储蓄账户拨入支票账户，还可以设上频率（Frequency）。

Enter Transfer Information

Amount:	100.00
From:	TD CONVENIENCE CHECKING 123456789 $1,000.00
To:	TD PREMIER CHECKING 987654321 $500.00
Transfer Type:	○ Immediate Transfer ◉ Schedule Transfer
Transfer Date: (mm/dd/yyyy)	01/14/201
Frequency:	Monthly
End Date?	○ No end date ◉ End Date 04/14/201 ○ After ___ transfers

3. 最后检查一下是否有错误，就可以提交了。

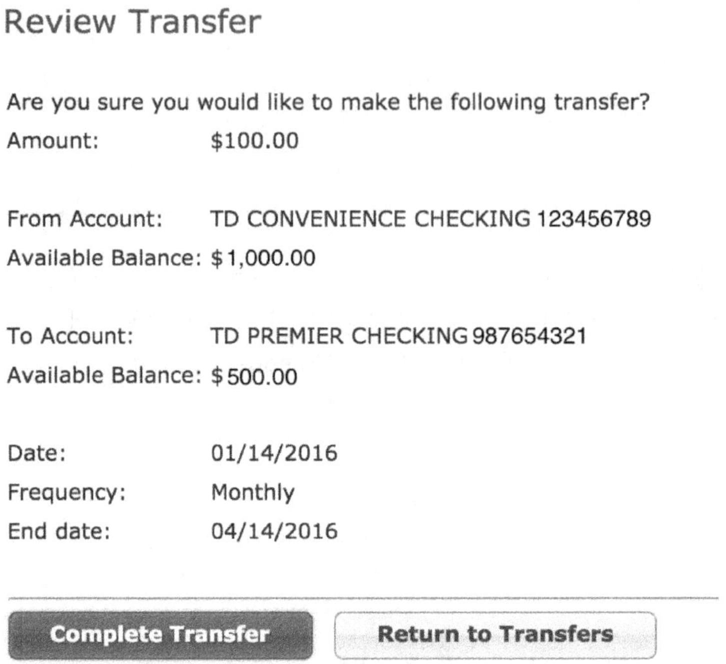

Review Transfer

Are you sure you would like to make the following transfer?

Amount: $100.00

From Account: TD CONVENIENCE CHECKING 123456789

Available Balance: $1,000.00

To Account: TD PREMIER CHECKING 987654321

Available Balance: $500.00

Date: 01/14/2016

Frequency: Monthly

End date: 04/14/2016

Complete Transfer | Return to Transfers

跨行转账与上面非常类似。也要登录网上银行，但是要选择跨行转账的界面。之后也要输入相关的信息。所不同的是，你需要事先为收款人建立一个账户。经过验证后才能开始转账。或许这为你带来一点点的麻烦，但因此减少了很多诈骗行为或转错人的现象。另外，跨行转账往往也会产生收费。

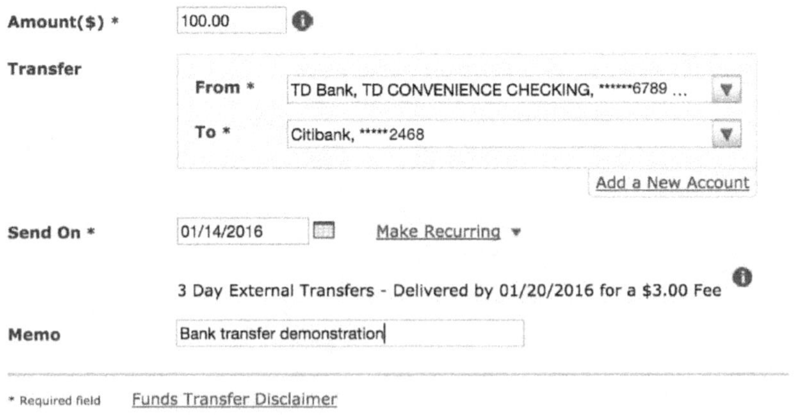

Amount($) * 100.00

Transfer

From * TD Bank, TD CONVENIENCE CHECKING, ******6789 ...

To * Citibank, *****2468

Add a New Account

Send On * 01/14/2016 Make Recurring

3 Day External Transfers - Delivered by 01/20/2016 for a $3.00 Fee

Memo Bank transfer demonstration

* Required field Funds Transfer Disclaimer

Add your external account

Account Type* Checking

Account Nickname

FOR

Sample Check

⑆ 123456789 ⑆ 1234567890⑈

Routing Number*

Account Number*

Re-Enter Account Number*

图表 4-3 网上跨行转账

一个典型的添加跨行转账户头的界面。注意你需要对方银行的路由号码和对方银行账户的账号。

4.5 汇票和现金支票是什么？

由于支票的兑付需要几天的时间，这就给一些不法分子以可乘之机。比如说，有人会当面开张支票，但回头告诉银行拒付。或者即使银行账户里只剩下十块钱了，还给你开一张一千块的支票。等你拿着支票到银行兑付的时候，不仅拿不到钱，还可能被收取手续费。所以，有很多场合，比如租房子缴纳抵押金的时候，很多房东会拒绝收取个人支票。同时，由于收取信用卡或电子支付要有专门的设备，还要给支付处理公司缴纳手续费，很多人也不愿意使用信用卡收款。另外，为了防止雇员偷钱，或为了保护雇员免受抢劫犯的觊觎，还有不少公司也拒绝接受大额现金。那怎门付钱呢？这时候，你就可以使用汇票或现金支票。

汇票和现金支票可以看做是被银行或其它金融机构背书的支票。也就是说，当收款人拿到汇票或现金支票后，只要背后的银行或金融机构没有倒闭，他们可以随时把它们换成现金而不用担心你的信用。而你呢，相当于找了一个银行给你做担保。当然了，你要为此付出一定的费用，那就是买汇票或现金支票的手续费。如果你用现金来买汇票，一般的手续费是几块钱。而如果你要是用信用卡来买，有的公司可能不卖，而另外的公司会收很高的手续费，同时信用卡公司还会收取很高的利息。为了防止洗钱，一般的公司都会对购买的额度设立一个上线，比如说 1000 美元。

汇票，英文名叫 Money Order，可以从很多地方来购买，比如超市、邮局、便利店、加油站、银行等等。邮局和银行一般都发行自己的汇票，但其它商店里常见的就是 Western Union (西联汇款) 或者 MoneyGram。

购买汇票的时候，有的公司会要你事先把收款人的姓名地址都准备好告诉他们，这样他们就可以直接把这些信息打印在汇票上。而另外一些公司会把这些栏目留白，由你自己手写。对于后者我们要十分小心把汇票收好，因为它就像现金一样，无论是谁拿到它，都可以把它当钱使用。

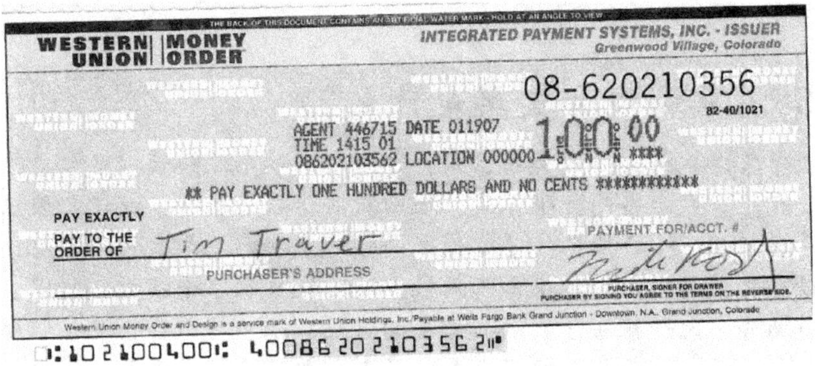
WESTERN UNION | MONEY ORDER

INTEGRATED PAYMENT SYSTEMS, INC. - ISSUER
Greenwood Village, Colorado

08-620210356

82-40/1021

AGENT 446715 DATE 011907
TIME 1415 01
086202103562 LOCATION 000000 100 00

** PAY EXACTLY ONE HUNDRED DOLLARS AND NO CENTS ***********

PAY EXACTLY

PAY TO THE ORDER OF Tim Traver

PAYMENT FOR/ACCT. #

PURCHASER'S ADDRESS

PURCHASER, SIGNER FOR DRAWER

图 1：一张典型的西联汇款的汇票

UNITED STATES POSTAL SERVICE

POSTAL MONEY ORDER

Serial Number: 21349002734

Year, Month, Day: 2013-08-13 | Post Office: 389010 | U.S. Dollars and Cents: $5.00

Amount: FIVE DOLLARS & 00¢ ****************************

Pay to

Address

Memo

Clerk: 0012

From

Address

SEE REVERSE WARNING • NEGOTIABLE ONLY IN THE U.S. AND POSSESSIONS

:000008002: 21349002734

图 2：一张典型的美国邮局的汇票

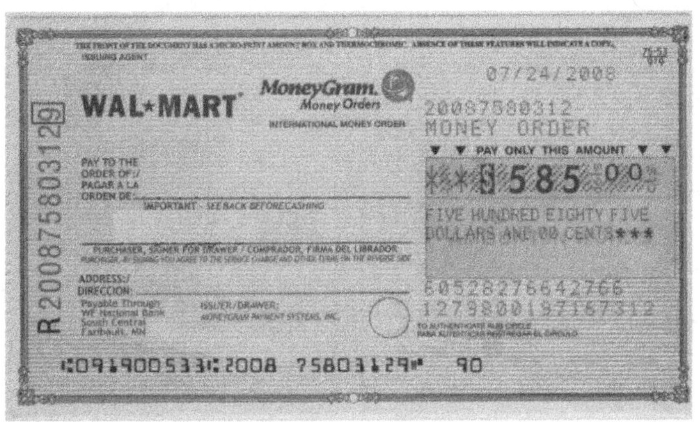

WAL★MART

MoneyGram. Money Orders

INTERNATIONAL MONEY ORDER

07/24/2008

20087580312

MONEY ORDER

PAY ONLY THIS AMOUNT

$585.00

FIVE HUNDRED EIGHTY FIVE DOLLARS AND 00 CENTS***

PAY TO THE ORDER OF:/ PAGAR A LA ORDEN DE:

IMPORTANT - SEE BACK BEFORE CASHING

PURCHASER, SIGNER FOR DRAWER / COMPRADOR, FIRMA DEL LIBRADOR

ADDRESS:/ DIRECCION:

Payable Through WF National Bank South Central Faribault, MN

ISSUER/DRAWER: MONEYGRAM PAYMENT SYSTEMS, INC.

R 200875803129

图 3：一张由沃尔玛发行的 MoneyGram 的汇票

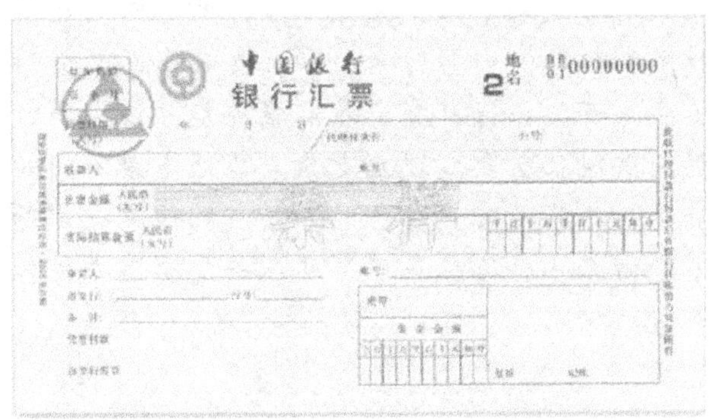

中国银行

银行汇票

2

00000000

图表 4-4 一张中国银行的中文汇票

现金支票在不同的公司有不同的名字，比如 Cashier’s Check,

Certified check，或者 Official check，但无论你跟柜台说哪一个名字，他们都能明白你说的意思。与汇票类似，现金支票是由银行来保证收款人能一定拿到这笔钱。如果你到银行去申请现金支票，银行会先从你的帐户里把钱取出来，然后再给你开这张现金支票。现金支票跟汇票不同的是，因为是从你的银行帐户里取钱，而不是用现金来购买，所以没有洗钱的问题。因此现金支票一般没有上限，只要你的银行帐户里有那么多钱就可以。在美国现金支票的最重要的用途就是用来付买房和买车时的首付。这样买方可以省去提着一大箱现金的麻烦，卖方也可以不用担心收不到钱。跟普通支票不同，你一旦买了现金支票，你账户上的钱马上就转走到了银行的账户里。所以大家往往都是等到需要用时才去开。

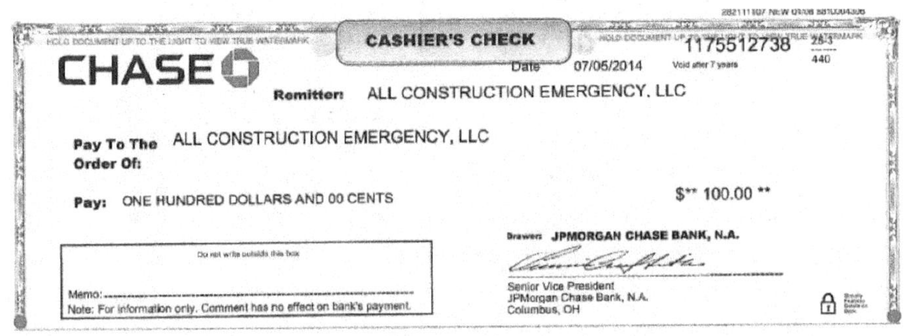

图表 4-5 一张大通曼哈顿银行的现金支票。

现金支票的样式与普通的个人支票差不多，所不同的是你事先需要提供收款人的姓名和金额，由银行来打印在支票上面。最后的签字也是银行职员的签字。有些银行可能会收取服务费，但大多数银行会对自己的客户免费提供现金支票。现金支票与普通支票不同的是，它的签名是银行职员的，而不是客户自己的。所有的信息也都是打印上去的，一旦印好就不能由客户自己改正了。所以一定要事先把各种名字地址等信息核对无误。

4.6 信用卡和借记卡怎么用？

由于借记卡和信用卡的使用方式差不多，我们就以信用卡为例，将它们放在一起介绍。我们使用信用卡之前，要先到各家银行比如花旗，大通，TD 银行等申请。收到申请之后，银行根据我们的信用记录发给我们信用卡。所以信用卡上一般都有发卡银行的商标或名字。然而除了发卡银行之外，信用卡上还有其它的标志，例如美国运通、维萨卡、万事达卡，等等，这些都是信用卡网络的名称。

我们去商店或餐厅，商家会告诉你他们接受什么信用卡。你会发现他们接受的是信用卡网络，而不是发行卡的银行。其原因是发卡银行并不直接跟商家打交道。他们之间必须要经过信用卡网络。这个网络把商家的银行与客户的银行联系起来，帮助他们交换信息和资金。

虽然美国有成千上万的银行，全世界就更多，但只有几个信用卡的网络。在美国的四大网络是万事达(MasterCard)，维萨(VISA)，美国运通(American Express)和发现卡(Discover)。在美国之外，还有两个主要的信用卡网络。一个就是大家熟悉的中国银联（CUP），另一种是日本信用局（JCB）。中国银联和维萨卡有合作关系。在中国，维萨卡结算走银联的通道，反之，在国外银联走维萨卡的通道。但现在银联也在走国际化的道路，或许将来成为一个真正的国际通用的信用卡网络。他们的标识如下所示。

图表 4-6 主要的信用卡网络和典型的信用卡样本

每张信用卡实际上就是一个数据的载体。这些数据有的是公开的，拿到信用卡就能看到。有些却是隐藏起来并进行了加密，只有通过特殊的读卡器才能读出来。下面我们列出来大部分信用卡都会有的内容。

1. 在每一张信用卡上，你会看到一行数字。这就是这张信用卡的卡号。如果是美国运通卡，卡号有十五位数。对于其它类型的卡，卡号有十六位数字。信用卡卡号关联了你的帐户，所以银行会知道谁花了钱，月底该向谁要账。美国运通公司给每张卡一个编号。即使你是一家人使用同一个账户，只要是不同的卡就有不同的卡号。而其它信用卡公司会给在同一帐户下的所有卡相同的卡号。
2. 卡号的下面，一般会印上这张信用卡的到期日期。就像你在在杂货店买食品要看一下到期日，使用信用卡之前也要看一下“有效期至”或“截止日期”，只有在这个日期之前才可以用这张信用卡。如果你表现良好，信用卡公司一般会在截止日期前寄给你一张新的信用卡。
3. 在信用卡正面的底部，一般会印上这张卡的持有人的姓名。如果这张卡是一家公司的公务用信用卡，一般也会把公司名称印在持卡人（这种情况下称作的人）的姓名后面。
4. 在大部分 2015 年以后发行的信用卡上，都镶嵌了一个小小的芯片，叫 EMV 防伪芯片，也叫聪明芯片。它里面储存了持卡人的信息。而这些信息都经过了特殊的加密处理，只能通过读卡器来读取，以此来保护信用卡的安全。
5. 为了防范信用卡诈骗，所有的信用卡网络都使用信用卡安全代码（CSC）,有时也被称为信用卡验证值（CVV）或信用卡验证代码（CVC），来加强信用卡的安全性。万事达，维萨卡和发现卡都有一个三位数代码，称为卡验证码（CVC2），或信用卡验证值（CVV2）及卡会员 ID。它不象卡号一样在正面压花印刷，而是印在卡的背面签名栏后面。美国运通卡上则是一个四位数代码，印在卡号的右上方，被称为“CID”，或卡识别号码的前侧的 4 位代码。
6. 信用卡的背面有一个磁条。它的作用是存储持卡人的信息。商店里一般都有一个信用卡读卡机来读取这个磁条，然后将读出来的信息发送给信用卡网络来进行付款操作。不要把磁条靠近强磁场。否则，磁条里所存储的信息可能被损坏导致该卡无法使用。

7. 磁条的下面是签名栏。当你收到一张新信用卡之后，首先要做的就是在签名栏上签字。许多商店的售货员都要对照一下信用卡上的签名和小票上的签名，以确保该卡没有被冒用。

4.7 借记卡和信用卡的区别是什么？

借记卡和信用卡在很多方面都非常相似。他们

- 都有相同的型式。即都是塑料卡片，上面有芯片或磁条；
- 上面都有一家银行和/或信用卡公司的标志；
- 都有一个卡号，姓名和到期日期；
- 在任何接受信用卡的地方都可以使用；
- 都易于追踪你的消费行为，比如在何时何地花了多少钱甚至买了多少东西都可以查到；
- 使用起来都很方便，便于随身携带。

然而由于它们在资金来源上的不同导致这两种卡之间有本质的不同。借记卡直接从你的银行帐户把钱划走。如果你的银行帐户里没有足够的钱，你就无法用这张借记卡买东西。试想一下，有一个店只接受现金，你手上只有一张借记卡怎么办？好在街角就有一台 ATM 自动柜员机。那么你就可以到 ATM 上从你的银行帐户取出现金，然后再到商店里用现金支付来买东西。如果商店接受你的借记卡，那他们相当于帮助你把两个步骤合二为一，让你少跑一段路。商店用读卡器通过读取你的借记卡上的信息，直接从你的银行账户划走你需要支付的金额。而你就像使用 ATM 一样，输入密码或签字确认。二者的区别仅仅在于

- ATM 是在街角，而信用卡读卡器就在商店里面；
- 你可以支付要买的商品的确切金额，而不用找零；
- 还不必自己接触现金。

更具体一点，当你刷卡购物时，你刷一下卡，随后按密码或签字，就完成了交易，看起来很简单，但在后台却牵涉了好几个部门，经历了好几个复杂的步骤：

1. 你在读卡器上刷卡。读卡器读取存储在借记卡磁条上的个人信息。如果你的卡上配备了 EMV 防伪芯片，你可能需要把卡片插入读卡器让读卡器读取存储在芯片卡的信息。为了防止

欺诈行为，很多卡让你设立一个四到六位数的密码，每次使用借记卡时都要输入这个号码。

2. 读卡器连接的电脑把你的帐户信息和这次购买的支付请求通过电话线路或互联网发送到相应的信用卡网络的处理中心。
3. 信用卡处理中心将首先与持卡人，也就是你的银行联系。你的银行会检查你在银行的存款余额够不够来支付这笔款项，并告诉信用卡网络的处理中心。
4. 如果够的话，再经过你的确认，处理中心就把这笔钱从你的银行划到商家的银行。如果你在银行账户里的钱不够，处理中心就拒绝支付。这时候，你要么放弃购买或要么换另一种方式来付账。

另一方面，当你使用信用卡时，你实际上是在从信用卡公司获得临时贷款。也就是说你没有在你的信用卡公司（也称为发卡银行）存款。在前面我们说过，信用卡和借记卡的使用方法是完全一样的，所不同的是上述后台处理中的第三步。当信用卡网络联系你的发卡银行时，发卡银行手里并没有你的钱，相反，他们自己需要准备一笔钱来帮你垫付，也就是说他们需要先借给你钱。但他们不是随便借给你，也不是你要多少就就借多少。他们将基于你的信用记录、帐户历史记录、购买价格、以及各种关于你的其它信息进行快速分析。由于采用了许多复杂的数学模型和先进的大型电脑设备，他们一般可以在不到一秒种内就做出决定。

- 如果答案是肯定的，他们会借给你跟这次购买总价相同数目的钱。当然这笔钱不会放到你的手里，而是通过信用卡网络从发卡银行转移到商家的银行账户以用来支付此项交易。请注意，到现在为止你用来买东西的这笔钱不是你的，而是你从发卡银行借的。银行会等着你很快把钱还给他们。
- 如果答案是否定的，那么你的卡被拒绝了。这意味着你的发卡行经过分析后觉得你很可能还不上这笔钱，因此不打算再借给你了。这时你要么放弃购买，要么尝试换一种方法来支付，比如用现金或另一张信用卡。一个常见的拒绝原因是超过了信用额度，也就是信用卡公司肯借给你的最高金额。一旦你的总贷款（购买+利息+手续费）积累达到或超过这个信用额度，那么他们将拒绝再向你贷款，你也就不能再使用这张卡了。比如你在一个信用卡账户上的信用额度是五千元，本月已经花了 4950 元。你想再用它买一件一百块的衣服，你就会因为超过信用额度而被拒绝。直到当你向他们付了帐，把你的贷款总额减少，你才可以继续用这张信用卡购物。

每个月你都会收到来自信用卡公司的账单。账单会告诉你欠他们钱的数额。它通常会附带一张你何时何地花了多少钱的明细表。他们也会给你一个被称为截止日期的日子。他们需要在这个日期前，收到你还给信用卡公司的钱。而你只要在截止日期之前，付清全部费用，你就不用付利息。因此这段从信用卡公司发出账单到截止日期之间的时间被称作宽限期（大部分是一个月），但是，如果你不能支付全部欠账，你就要交利息，利息率有时可高达 19.99%，甚至 29.99%。如果你错过了截止日期，也就是帐单付晚了，你也将被收取从 15 到 50 美元不等的滞纳金。

信用卡被普遍认为是一个相对“容易”获得的贷款。只要你的信用额度被批准了，你就可以开始借钱。一般来说，只要在你的信用额度之内，你需要买东西的时候可以随时贷款而且一般都会在几秒中之内被批准，而且不像买房买车那样需要问东问西填一大堆表格。但是，因为你是借钱消费买东西，就非常容易过度消费，也就是消费超出你能负担得起的水平。如果你不能按月把账付清，就要交付高额的利息。在某些情况下，利息累加起来可能比你买东西花的钱更多。

有人可能会问了，那为什么信用卡公司会那么好心借钱给你花，而且按月还清的话还不收利息？那他们岂不是亏大了？可是到处还看到他们的广告啊？不用替他们担心，信用卡公司非常精明，不会凭白做好事。他们的收入主要有几个来源。

1. 从商家收取手续费。每次用信用卡买东西，信用卡公司都要扣掉一定的手续费（通常是一个固定的基础数目加一个按照交易额百分比计算的浮动数目）。当然，商家因为接收信用卡从而做成了生意，也减少了使用现金所带来的很多不便。所以你可以看到信用卡公司都是鼓励你多多消费。因为你花得越多，他们收到的手续费也就越多。有时候，有些非盈利单位像税务局和水电公司也接收信用卡，但要额外收费，就是因为他们要付给信用卡公司手续费。

2. 从持卡人手里收取利息和各种费用。一旦你还不上钱，除了高额的利息之外，你还要面对一项项不同的费用。
3. 收集你的消费信息和消费习惯，然后卖给相应的商家，或者自己根据你的习惯，向你推销各种金融产品。

4.8 在美国使用银联有什么注意事项？

以"622"打头的银联标准卡理论上在八成以上的美国商店都可以用，但实际情况是银联还需要做很多的工作才能真正做到像维萨和万事达那样通用。有时候可能就是营业员不知道如何处理就拒收了。因此最好兜里还要备一张非银联的卡以防万一。好消息是大的连锁商店比如麦当劳、梅西百货等地方都接受银联卡。不接受银联卡的往往都是小商店。

在美国使用银联信用卡采用免验密码、签名验证的方式，目前境内已有 15 家主要银行(可在银联国际官网查询)开通密码免验业务，可直接在美受理，建议其他银行持卡人在赴美前联系发卡行取消密码，以便在美国进行使用。更多相关信息请咨询发卡行。

双标卡在美国无法选择银联网络支付，建议携带并使用 62 开头的银联信用卡及借记卡，以确保享受银联网络的各项优惠和服务。

美国很多商户让持卡人自行刷卡，如使用银联信用卡，请选择“Credit”；如使用银联借记卡，请选择“Debit”。

美国的几个大银行如美洲银行（Bank of America）、花旗银行（Citi）、摩根大通（Chase）和富国银行（Wells Fargo）以及一些华资银行中国银行、华美银行、国泰银行都是可以用银联卡取现的。其实不管哪个银行，你只要在 ATM 机器上看到银联标志（通常写着 Union Pay）的，都是可以取现的。即使无法取现，也不妨试试。

根据外管局最新要求，自 2016 年 1 月 1 日起，中国境内银联人民币卡每卡每年在境外累计取现不得超过等值 10 万元人民币。此举是为进一步加强境外反洗钱工作力度、防范金融风险。在此规定实施前，银联卡在境外取现，只有一个单日限制，没有年度总额的管理，即境外使用银联卡在 ATM 上取款借记卡单卡每日累计取款不超过 1 万元人民币的等值外币。

无论是刷卡还是取现，使用的是美元，但在账户上记录的是人民币，汇率按照银联当天发布的为准。迄今为止，使用或取现金额都不算在每年的五万美元兑换额度里面，但政府随时可能会改变政策。

4.9 美国有哪些在线和移动支付?

在线和移动支付可以说是现在最火的词汇了。比如传统的网上支付的 Paypal，现在移动支付的翘楚 iPhone 上 的 Apply Pay 和 安卓（Android）手机上的 Android Pay 或 Google Wallet。虽然听起来很有科技感，但实际上就是把你的银行账户或信用卡跟你的在线或移动账户绑定在一起。对于在中国用过支付宝或微信钱包的人来说，一点也不陌生。只是从中国到美国换一个平台而已。另外，由于美国人大规模使用信用卡的历史比较悠久，信用卡公司的渠道和终端都比较普及，所以各种支付跟信用卡的联系更紧密一些。而在中国，由于近几年跳跃式的发展，在线和移动支付往往比较独立，跟银行卡的联系比跟信用卡的联系更多。但这不妨碍移动支付在两国之间的相似性。

简单来说，Palpal 就是美国的支付宝。使用起来也与早期的支付宝差不多。只是虽然支付宝早期是山寨 Paypal，但现在支付宝的功能更加繁多，而支付宝仍然专注作为支付的平台。在这里只是告诉大家一个使用 Paypal 的窍门。要是你不习惯英文界面，可以迅速切换到中文。只要下拉菜单到底部，在右下角能找到一面小小的国旗，如果不是五星红旗，就可以点击进入到选择界面。 在 Asia Pacific（亚太）栏下找到五星旗或 China 点击就可以了。要是还是英文，在底部国旗旁边选择“简体中文”切换。另外，你也可以到苹果和安卓的应用商店下载手机的 Palpal App，使用起来也很方便。

而移动支付比如 iPhone 和 iWatch 的 Apple Pay，安卓手机（Android）的 Android Pay 或 Google Wallet，实际上也是一个信用卡的集成界面，跟当前的手机支付宝和微信支付差不多。你把你的信用卡或银行账户的相关内容存到 Apple Pay 或 Google Wallet 里面。如果你的手机有近场连接（NFC）功能，那么付款时在新型的有像发射信号一样专门标志的 POS 机上点一下就可以了。当然为了安全，你可以选择输入一个密码来防止有人偷偷拿着你的手机买东西。在这里需要指出的是，与中国在移动支付中广泛使用扫码付账不同，在当前美国由于没有一家大公司在背后推动，因此只有不多的一些商店采用扫码付账这个技术。

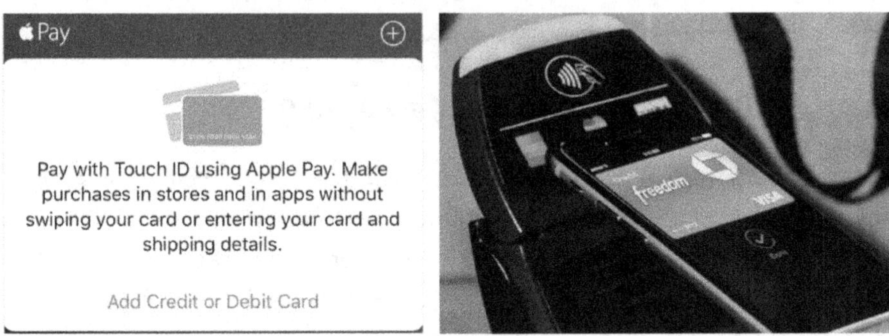

图表 4-7 使用 Apply Pay 付账

左边是 Apply Pay 让你加入新的信用卡或借记卡的界面。右边是使用 Apply Pay 的范例。接受 Apply Pay 的 POS 机上都会有一个 NFC 非接触式付款的标志。标志图案是一个圆圈里面几个弧线组成发射信号的模样，旁边再有一只手。有的 POS 机上还专门有 Apple Pay 的图案。手机的界面上回显示你存的信用卡信息，选择你想用的卡来进行支付。

图表 4-8 使用 Android Pay 或 Google Wallet 支付

左边是Google Wallet 添加信用卡信息时的界面。右边是在拥有NFC功能的POS机上使用Google Wallet付款的演示。跟使用Apple Pay 一样，POS机上需要有NFC非接触支付功能的标志。有的机器还特别有Google Wallet的字样强调自己具有的功能。在手机上调用Apple Pay或Google Wallet功能，选择想要使用的信用卡或银行账户，输入密码，进行付账。Android Pay可以看做是一个集成在安卓手机操作系统里面的不要输密码的Google Wallet。

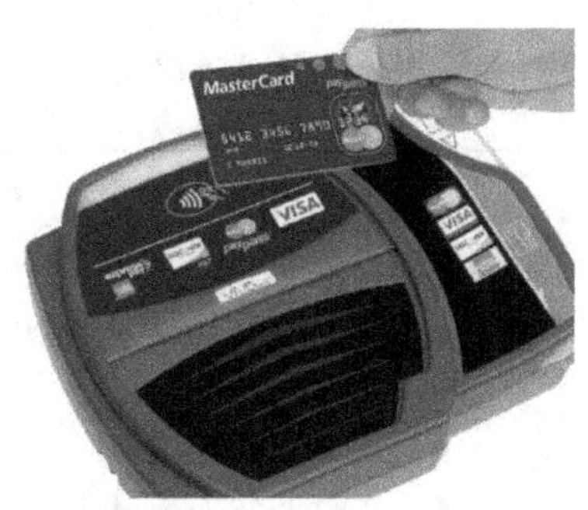

图表 4-9 其它移动支付

移动支付是一个飞速发展的领域。各种新技术层出不穷。左边是用智能手表比如iWatch来付账，右边是用加装了RFID的信用卡在NFC非接触式POS机上直接读卡。

4.10 不同的支付方式有什么优缺点？

我们知道，买东西可以采取许多不同的付款方式。选择哪一个，经常依赖于我们的个人喜好。这里我们列出各种付款方式的优缺点。

付款方式	优点	缺点
现金	• 马上付款交易 • 没有利息或额外开销 • 有多少花多少 • 不会留下痕迹	• 只能当面付账 • 大额付款不容易携带和清点 • 钱可能会丢 • 没有证明你付过钱 • 经常不能在其它国家使用
支票	• 丢失了可以重新写一张 • 能够邮寄付款 • 可以用来支付大额款项 • 银行里有多少可以付多少 • 留存的支票或复印件可以作付款证明	• 要花好几天才能到账 • 可能作假 • 如果不小心可能透支 • 如果被拒绝可能会产生费用 • 可能不被接受。如果是海外支付，可能会有费用

银行卡或借记卡	• 易于使用 • 若遗失可以挂失补办 • 没利息 • 根据你的银行账户余额有多少花多少 • 可用于电话付款，网上付款或当面付款 • 付款记录可追踪 • 有些可用于海外付款	• 可能被盗，导致你的银行账户全军覆没 • 使用次数多的话，有些银行可能会收取使用费 • 如果店里没有读卡机，可能不被接受 • 享受的联邦法律保护，不如信用卡多
信用卡（包括信用卡形式的礼品卡）	• 方便易用 • 若遗失可以挂失补办 • 可以紧急借款 • 可用于电话付款，网上付款或当面付款 • 付款记录可追踪 • 有的卡有优惠政策，比如现金返还，里程或小礼物 • 虽然有些可能会产生费用，但可用于海外付款 • 有些信用卡公司提供防网上欺诈的防护措施	• 可能会产生债务 • 如果你欠信用卡债，利率可能很高 • 如果没有自制力，不能控制消费，有可能会超支 • 即使实物卡仍在你的手里，卡号也有可能被窃取 • 如果店里没有读卡机可能不被接受 • 可能有年费
商店礼品卡	• 易于使用 • 便于送礼 • 匿名使用	• 只能在指定的商店使用 • 遗失不补 • 一定时期内，如果不使用，可能收取费用占主导地位 • 可能有少量闲置资金残留在卡中花不出去。
网络和移动支付	• 不再使用实物卡 • 易于使用 • 方便 • 根据你的银行账户余额有多少花多少	• 不是所有地方都收 • 各种互相竞争的网络或移动支付方式，可能彼此不兼容 • 许多网上或移动支付，仍使用信用卡或银行账户

第 5 章 获取信贷

5.1 大家都从哪里获得贷款?

如果你需要大额的资金买房买车，你可以从下面的渠道获得贷款。

1. 银行和信用社。要贷款大家首先想到的就是去银行。如果你在一家银行有存款，或至少在哪里有一个账户，那你就很可能在哪里拿得到贷款。至于拿到贷款的额度和利息，那就要看你的信用历史了。
   银行贷款通常有两种，一种是直接的贷款（loan），比如你要买房买车或送子女去上大学，就跟银行借一笔钱，商定好利息和还贷的时间，你先把钱拿走，最后按照条款分期或到期归还。
   还有一种是信用额度（Line of Credit）。你首先跟银行商量你可能需要多少钱，设定一个信用的上限，或额度，一旦你需要用钱的时候，就可以随时借用而不需要再跟银行申请了。比如你跟银行申请一个信用额度是 10,000 美元，你就随时可以使用最多一万美元。没有需要时，这个额度就放在那里，你也不用付利息，一般银行可能会收几十美元的年费。一旦你临时有事需要借用，比如 4000 美元，你可以直接从这个账户支取 4000 美元，同时开始支付这 4000 美元的利息。由于你已经使用了 4000 美元的信用额度，你想再借的话，就只能最多借 6000 美元了。你也可以随时还钱来提高自己的剩余额度。有时你可以把信用额度看成是由银行发行的为你量身定做的信用卡。
2. 贷款公司（Loan or Mortgage Company)。与银行不同，这些公司往往专注于某一方面的贷款，比如房屋贷款、汽车贷款或学生贷款。他们有的是银行的附属机构，有时就是私人贷款机构，一般通过网上或电话申请。为了竞争业务，他们经常能够给出比银行更好的利率。比如你要买车的话，汽车公司为了促销，有时会给出一个非常好的利率，让你贷款买他们的车。
3. 信用卡。信用卡可以看做是一个最方便的借款来源了。如果你的信用非常好，有时你能拿到一年内利息率是零的信用卡促销。这时不妨好好利用一下。但使用信用卡的时候，一定要小心不要陷入信用卡的陷阱里。一旦你完全依赖信用卡，而信用卡的促销期一过，回到每年 19.99%甚至 29.99%的高利率，那你的问题就大了。
4. 网络个人信贷。也就是中国现在也很流行的 P2P 贷款，在美国比较大的有 Prosper，Upstart，还有 Lending Club。到他们的网站上，填入所需贷款的额度和用途，再填入进行身份信用验证所需的个人信息，就可以了。这对于初到美国，不太习惯开口用英文交流个人信息的人来说，是一个不错的选择。你尽可以打开字典或翻译软件，一步一步地往下走。

5. 房屋再贷款（Refinance）。如果你有自己的住房，而且你的房屋贷款已经还了不少了，或者你的房子升值很多，甚至你当时就是现金买的房，你就可以利用再贷款把房子所冻结住的资金或产生的财富解放出来另作它用。
6. 房屋信用额度（Home Equity Line Of Credit, HELOC）。如果你有自己的住房，你还可以用房屋作抵押来获得信用额度。也就是俗称的第二按揭（Second Mortgage）。HELOC 可以从你原先的房屋贷款公司获得，也可以从其它公司获得。
7. 如果你只是想获得小额的应急资金，也可以参考本章最后一节。那里罗列了一些应急的办法。

这里提一下，对于信用额度，或者信用卡的额度，都尽量不要全部使用。使用金额跟可用的上限相比，比例越高，说明你的信用越紧张，有可能被征信公司看做是负面影响，降低你的信用值。

现在有很多网上比价机构，让你能够看到不同公司的利率和其它贷款条款，比如 Lendingtree.com, bankrate.com, 等等。贷款时也不能只看利率，其它的很多条款也很重要。比如房屋贷款是否允许你提前还贷，一两次晚付是否会导致惩罚利率，等等，需要全面比较。具体可以参考我们关于财商教育的著述。

5.2 申请贷款有哪些注意事项 ?

大家买车买房要贷款时，可以向经销商或银行借贷，贷款方可能希望用汽车或房屋作为抵押品，为贷款担保。 这种类型的贷款被称为抵押贷款。抵押是以物品做保障，偿还贷款，在无偿还的情况下，物品予以没收。抵押是很常见的商业行为。债权人常常需要债务人拿一些有价值的物品做保障。

买房按揭（Mortgage）和汽车贷款（Car Loan）都是普通消费者筹钱的方式。人们从贷款人（Lender）处借钱，并在一段时间内连本带利

逐步偿还 。有时候买车贷款遇到促销活动你可能拿到零利率。在贷款买房之前，尤其是在出价的时候，除非你是全款现金，你都需要提供一份预贷款（Prequalification）证明。一旦双方敲定了价钱，买房一般会有一两个月的时间把按揭贷款拿到手。由于申请按揭贷款程序复杂，需要填写的表格和提供的材料非常多，我们就不在这里一一列举了。如果有读者想在美国贷款买房，可以到我们的网站上找到贷款中介（broker）。

欠款是借贷人未能履行的偿还义务。若借贷人未能偿还贷款，并由法庭提出诉讼时，倘没有出庭，更坐实了借贷人的义务。

贷款购买车辆和房屋，一旦签了合约，买车的人就可以拿上钥匙把车开走，买房的人就可以搬家入住。但是同时也有义务根据合约上指定的条款来支付汽车贷款或房屋贷款。假设两个月后，贷款人不幸失去了工作，没有了收入，付不起贷款了。如果停止付款就会造成欠款。经销商或其它债权人将有权要求收取抵押品 - 汽车或房屋。

请记住，只要你还没还清贷款，债权人对抵押品就拥有重要权利。这些权利是在签订的合同时就开始生效的，并受到所在州的法律保护，拥有强制执行权。在这种情况下债权人对于没有及时付款的车辆或房屋，将不得不被“收回”，也就是说 - 或者收回你的抵押品，或者去法院警告你。你的债权人也可以把合同出售给第三方，所谓的第三方受让人，有同样的权利， 作为原始债权人收取抵押品。

5.3 什么是征信机构？

征信或信用机构是一公司，收集有关个人或企业的信用和评级信息。这些信息被提供给信用卡公司，金融机构等。在美国，有三个信用公司，即艾克发（Equifax），益百利（Experian）和环联（TransUnion）。他们相互竞争，更新和存储大多数美国消费者的信用记录。三个都使用相同的模型，都产生信用（FICO）分数。然而，因为它们可能收集不完全一样的信息，来自三个公司的特定消费者的具体的数字，一般是不同的。从 2015 年开始，中国也开始逐渐开展个人征信业务，所以大家对信用服务也将会越来越熟悉。

图表 5-1 征信机构会给你的信用打分

鉴于信用分数的重要性，不良的信用产生的不良影响有：

1）你可能将被收取滞纳金。

如果在到期日之后支付您的信用卡账单，你可能会被收取二十五到三十五美元的滞纳金。这笔钱将在你的下一个账单上显示出来。如果继续错过截止期，可能产生额外的滞纳金。

2）你的贷款利率可能会上升。

拖欠支付可能会导致你的债权人提高利率，或重置利率为罚款利率。信用卡的处罚年利率往往会高达 29.99%。这意味着如果它引发高利率，你会明显付出更多利息。如果您有促销 0%信用卡余额转移年利率，支付过期，还可能会让你失去 0%促销价，并将其重置为默认的利率。

3）你的信用报告可能会留下记录。

如果你的拖欠付款超过三十日，信用卡公司通常会通知三大信用局，这意味着拖欠付款将在你的信用报告中显示出来。这个不良记录会在你的信用报告里呆上七年。

4）你的信用分数可能会受到影响。

支付历史信息，通常占你的信用评分构成的大约 35%，是计算分数时最重要的因素。只要一逾期付款，你的信用评分就会大大降低。尤其是如果原来是良好或优秀，影响就更大。根据你晚支付多久，你怎么迟付，及你的信用评分，逾期付款额会严重影响你的信用。

5.4 什么是信用评分？

信用评分是根据数据丰富的信用报告计算出一个三位数的得分，它将成为你的信用抵押贷款，汽车贷款或信用卡申请的一个重要因素。你的分数会影响你是否被批准，以及什么利息率，你要交的费用。保持良好的记录是非常重要的。最广泛使用的信用分，被称为 FICO 或菲佐分数。这里是确定 FICO 得分的主要因素：

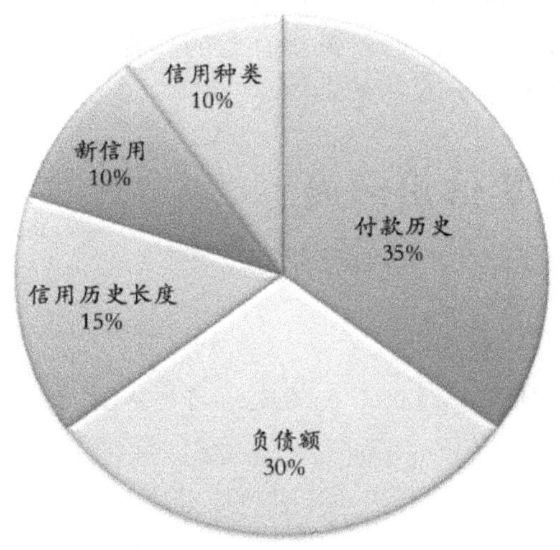

图表 5-2 FICO 分数的构成

FICO 分数的范围是从 300 到 850。对于普通人来说自然是越高越好了。你可以向三大征信公司咨询一下你的分数是多少，虽然是各个公司的分数不尽相同，但是一般来说你可以按照下面这个标准来评判。

- 720 或以上：优秀
- 690-719：良好
- 630-689：一般
- 300-629：差

对于消费者来说，最容易控制，也最容易出事的就是支付历史信息了。它通常占信用评分构成的大约 35% 。只要一逾期付款，你的信用评分就会大大降低。降低程度根据你晚支付多久，怎么迟付，逾期付款额及现有的信用评分决定。如果原来是良好或优秀，影响就更大。而且如果你的拖欠付款超过三十日，信用卡或贷款公司通常会通知三大信用局， 并在你的信用报告里呆上七年。拖欠支付可能会导致你 。如果是信用卡逾期，还可能会让你失去促销利率（0%或 2.99%等），信用卡公司可能提高利率，或重置利率为罚款利率，有时会高达 29.99%。

对于美国人来说，信用评分就像中国的档案一样重要。不管你走到哪里，不管是找工作租房子还是买车买房贷款，只要跟金钱和财富有关，对方都要查你的信用分数，因为他基本就代表了你的可靠程度，是否值得信任。所以你要时时刻刻保护自己的信用。如果自己的信用分数不高，也可以想方设法来修复和提高。

5.5 如何修复信用问题?

下面是维持和修复信用的各种可能性：

1）为自己行为负责。

检查自己的支出特点，纠正不良的生活习惯。建立一个减债行动计划，并坚持下去。

2）与债权人沟通。

联系债权人，让他们知道你有暂时的财政问题。请求付款时间表的调整。

3）债务综合。

整合或合并几个债务与管理，以支付利率较低新的贷款。同时不要继续增加更多的债务。

4）信用咨询。

获取专业人士的指导。信用辅导员会与个人一齐计划，采取行动，让他或她摆脱债务，并为将来建立健全的财务管理计划。

5）破产。

一个人到法院申请，解除债务。申请破产，严重影响以个人获得在未来信用的能力。破产应该是任何解决问题的最后方案。破产有两种：

第 7 章（Chapter 7）破产： 债务人的财产将被迫出售，所得资金用来偿还债权人

第 11 章（Chapter 11）破产：债务人可以保留财产，但需有经法院批准的行动计划，逐步偿还债务。

5.6 怎么用法律保护自己借贷过程？

诚实借贷法会. 信用分数并不是永远公平和公正的，有时也会有错误发生。另外很多时候也可能会发生店大欺客的现象。在美国联邦和各州的层面上，也出台了不少法律能消费者遭遇不利处境或不公平待遇时保护他们。下面列举几例。

在得到信用卡或贷款之前，法律已经帮你把不公平的借贷行为已经屏蔽掉了。例如，贷款机构必须以书面形式，并用通俗易懂的语言和术语来披露利率和与贷款或信用额度的有关费用。你有没有收到信用卡促销邮件，说是提供便宜 APR 或其他优惠条件？这些优惠宣传必须面向公众里每个符合条件的申请人（该贷款机构公司将在其应用程序中指定符合条件的族群）。

5.7 怎么确保信用局的公正准确？

银行和贷款人通常会向信用局报告你的信用活动。《公平信用报告法》和《准确信用交易法 》可以确保在您的报告中所列财务数据是正确的。例如，它提供了：

争议不准确的权利

向征信局投诉，征信局必须在 30 天内进行调查。在这段时间里，你的报告会把这项活动标注为“有争议”。调查之后虚假或无法核实的信息会从报告中删除。

访问信用档案的权利

如果你的信用申请被拒绝，你有权知道贷款人使用哪家的信用报

告。您可以免费获取该报告的副本，以确保信息是正确的。它还保障消费者每年或任何时候你怀疑有欺诈时可以从每个信用报告局获取一份免费的报告。

有时间限制的负面信息

在大多数情况下，过一段时间之后，有害信息必须从您的信用报告中删除。欠款值和逾期付款通常会在七年后从报告中去除。如果是第 7 章破产，则会在报告里保留十年。

另外，不要以为任何人都可以看到你的信用档案。该法规定，只有那些有需要的 - 比如债权人，保险公司，房东或潜在的雇主 - 才可以调查您的报告。

5.8 怎么应对不公平的债务催收行为？

公平债务催收方式法是作者最喜欢的信用法律之一，因为它减轻借款人焦虑和苦恼。公平债务催收作业法保护债务人免受第三方收债人滥用方法骚扰。具体而言，收债人禁止：

- 每天呼叫多次，早上 8 点前或者晚上 9 点之后还是在工作中，如果你已经告诉他们的电话会影响你的工作。
- 未经您的许可与别人，不包括你的配偶，讨论你的债务情况。
- 使用亵渎和虚假的威胁。如果他们说要告你到法庭上，那么他们必须采取行动。
- 歪曲自己功能或该呼叫目的。

5.9 到哪里可以申请信用卡?

申请信用卡现在一般都是在网上申请。看到某家信用卡的广告之后，找到相应的网站，填上必须的个人资料，一般几分钟之内就能告诉你结果。如果申请成功的话，几天之后新的信用卡就会寄到你的家里。在学校的校园里，也经常会有信用卡公司的人摆摊设点推销他们的信用卡。附件里就有一张信用卡的申请表。

如果你在银行有账户，他们往往也会问你要不要申请那家银行的信用卡。对于初到美国的人来说，这个途径往往比较容易获得通过。

在很多商店，不管是网上商店还是实体商店，在你付帐的时候，售货员或者网络界面经常都会问你是否要申请他们的信用卡。比如像梅西百货商店，如果你申请他们的信用卡，当天购买的商品就可能获得10%或者20%的折扣。又比如Amazon.com常年在它的网络购物车旁边放上一个信用卡的广告，如果申请它的信用卡，根据你申请的时间，就能获得四十到七十美元不等的优惠。

现在的信用卡非常容易申请，有时都到了泛滥的程度。作为消费者，我们一是要选择适合自己的信用卡，二是要有限度的使用信用卡，让信用卡成为自己的工具，而不是反过来成为信用卡公司赚钱的工具。

5.10 美国市面上有哪几种信用卡?

随着电子钱包发展，越来越多的人将依靠电子支付的形式。信用卡是电子支付系统的主要部分。在美国有几个主要的信用卡种类:

- American Express 美国运通 - 过去美国运通卡全部自己发行,但近年来像花旗银行、汇丰银行等也开始发行运通卡。
- VISA维萨卡 和Master万事达卡 - 几乎所有的银行都发行，像花旗、大通、美国银行、富国等全国性的大银行往往两者都发行。而大多的地区性的中小银行为节省成本，一般只绑定一种。
- Discover 发现卡 -以往都是发现卡公司自己发行，现在也有合作，比如跟GE 金融。
- 商店和公司一般标签卡 - 都是跟某个大银行合作。

5.11 选购信用卡时应该考虑哪些问题?

这里有几个问题，供大家选购信用卡时应该考虑。有些信息可以在银行或信用卡网站或宣传册找到。而有些必须从分支银行拿到。比较这些材料，仔细阅读小字，有可能的话再用电子表格列一下，然后再做出决定。

你应该从哪些条款方面考虑问题呢?

Application for a Wal-Mart® Discover® or Wal-Mart® Credit Card

Complete and mail to: GE Money Bank
PO Box 981419
El Paso, TX 79998

1. Applicant: Please tell us about yourself.

First Name | Initial | Last Name | Date of Birth (MM/DD/YYYY)

Home Address (Street Name and Number Required) | City | State | Zip | ❑ Own ❑ Rent

Previous Street Address (If Less Than One Year At Present Address) | City | State | Zip

Home Phone ( ) - | Business Phone ( ) - | Cell / Other Phone Where We May Call You ( ) -

Social Security Number - - | Annual Income from all Sources* $______.00 | Mother's Maiden Name

E-Mail Address (Optional) | By providing my E-mail address, I consent to receive E-mail communications about my Account and authorize you to provide my E-mail address to Wal-Mart and Wal-Mart.com so I can receive special offers and updates.

*Alimony, child support or separate maintenance income need not be disclosed unless relied upon for credit.
WI RESIDENTS: If you are applying for an Individual Account, combine your and your spouse's financial information in Section 1 above.

GE Money Bank will first consider you for a Wal-Mart® Discover.® If you do not qualify for a Wal-Mart® Discover,® you will be considered for a Wal-Mart® Credit Card. Consider me for the Wal-Mart Credit Card only. ❑

2. Authorized User: An additional card will be issued to the person indicated below. The primary cardholder will be liable for all purchases made on the account, including those made by any Authorized User.

First Name | Initial | Last Name | ❑ Spouse ❑ Other

3. Please Choose Your Payment Due Date: Check One.
❑ No Preference ❑ Middle of the Month ❑ End of the Month ❑ Beginning of the Month

4. Applicant: we need your signature below.

By signing this application, I ask that GE Money Bank ("you") issue me a Wal-Mart® Discover® or Wal-Mart Credit Card. I understand that if I qualify for a Wal-Mart® Discover® or Wal-Mart Credit Card, you will assign me an Annual Percentage Rate depending on my creditworthiness as determined by you. I am providing this information both to you and to Wal-Mart Stores, Inc. I also authorize and direct you to furnish information about me (including whether this application is approved or declined) and, if it is approved, information about my Account, to Wal-Mart Stores, Inc. (and its affiliates) for use in connection with the Wal-Mart® Discover® or Wal-Mart Credit Card programs, including to create and update their customer records for me, to assist them in better serving me, and to provide me with notices of special promotions, catalogs and tailored offerings. I affirm that the information I have submitted is complete and truthful. I authorize you to make inquiries you consider necessary (including requesting reports from consumer reporting agencies and other sources) in evaluating my application, and subsequently, for purposes of reviewing, maintaining or collecting my account. I also understand that the Wal-Mart® Discover® or Wal-Mart credit card agreement ("Agreement") will govern my account, the terms of which are hereby incorporated by reference into and made a part of this application and that THE AGREEMENT'S TERMS INCLUDE AN ARBITRATION PROVISION WHICH MAY SUBSTANTIALLY LIMIT MY RIGHTS. My signature on this application represents my signature on the Agreement. I understand that there is no agreement between us until you approve my application. After credit approval and subject to the governing credit agreement, each applicant may use this account and will each be liable for all credit extended under this account to any applicant or authorized user.

Federal law requires us to obtain, verify, and record information that identifies you when you open an account.We will use your name, address, date of birth, and other information for this purpose.

Applicant's Signature **Date**

WISCONSIN RESIDENTS:
No provision of a marital property agreement, a unilateral statement under Sec. 766.59, Wis. Stats., or a court decree under Sec. 766.70, Wis. Stats., adversely affects the interest of the creditor unless the creditor, prior to the time credit is granted, is furnished a copy of the agreement, decree or has actual knowledge of the adverse provision when the obligation to the creditor is incurred. **We are required to ask married residents of Wisconsin who have applied for individual credit to give us the name and address of their spouse, regardless of whether their spouse may use the card. Please provide that information below:**

Name of Spouse | Address of Spouse

C77W (2/05) 5532-1 [66839] W02/05WM

图表 5-3 一张典型的信用卡申请表。网上申请所需的内容与此类似。

- 年费（Annul Fee）。是免费使用这张信用卡可是每年都要交年费。普通信用卡一般都免年费，但有的金卡、白金卡或福利非常好的卡会有年费。年费金额从几十到几百美元不等。

- 年利率（APR）。这是使用信用卡的借贷成本。诚实借贷法要求贷款人必须提供 APR。很多信用卡的头一两年都会给一个优惠利率，比如 1.99%甚至是 0。但一旦你有过期不还款的现象， 可能就会提高到一个惩罚利率，比如 19.99%甚至 29.99%。
- 最低还款额（Minimum Due）。这是账户到期日所需支付的最少金额。但如果你只付最低还款额的话，可能要花几年的事情才能还清信用卡债务。
- 宽限期（Grace Period）。如果每个月你在账户到期日之前就把帐上的余额都付清了，就不用交利息。实际上你是免费使用了信用卡公司的资金。
- 信用额度（Credit Limit）。这是这张信用卡最多能花多少钱。如果超出信用额度，信用卡公司会拒付。你也可以随时还款来保证自己有充足的信用额度。
- 财务费用（Fines and interests）。一般包括利息和罚款。
- 奖励和回扣（Reward and rebate）。为了鼓励你使用某家银行的信用卡，他们往往会给你一些鼓励，比如计点来换取礼品和飞行里程，或者提供一些免费晚会演唱会的门票，有的则直接提取 1%的现金回扣还给你。下面举几个例子
  - 花旗(Citibank)提供的 Double Cash(双现金)信用卡，在你使用时所有的花销有百分之一的回扣，到月底结账时帐户余额的 1%也作为回扣。这样你总共就能拿到 2%的回扣。当然他们的目的是希望你不要付清，每个月都有很多的信用卡余额，这样他们就能收取更多的利息。与百分之一的回扣相比，利息率可要高多了。
  - 大通银行（Chase）和美联航共同发行的信用卡。你每花一美元钱，就给你美联航的一英里里程。你可以拿这些里程去换飞机票。对于常旅行的人，他们还提供一个免费的行李托运服务，机场贵宾室的门票，作为这些好处的代价，你要每年付 95 美元的年费。
  - 美国运通公司（American Express）的黑卡（Centurion Card 或俗称 Black Card）。据说是信用卡界最高级的，用钛合金制造，开通费五千美元，年费两千五。还不接受申请，要拿到它只能等着运通公司邀请。要是一年消费低于二十五万美元，还可能被取消用卡权。有了这张卡自动成为若干家航空公司和旅馆的顶级会员。他们的好处主要是当你的娱乐享受的管家。要是你想买某个热门演唱会的前排门票，或预定高级餐馆的座位，找他们一定没问题。据说某年前总统老

布什在一家餐馆举办生日宴会，发现一个临窗的好座位被单独留出来给别人了。老布什奇怪为什么他的宴会还会有座位拿不到，一问发现原来是被某个黑卡用户订走了。前总统也没办法，只有徒唤奈之若何。

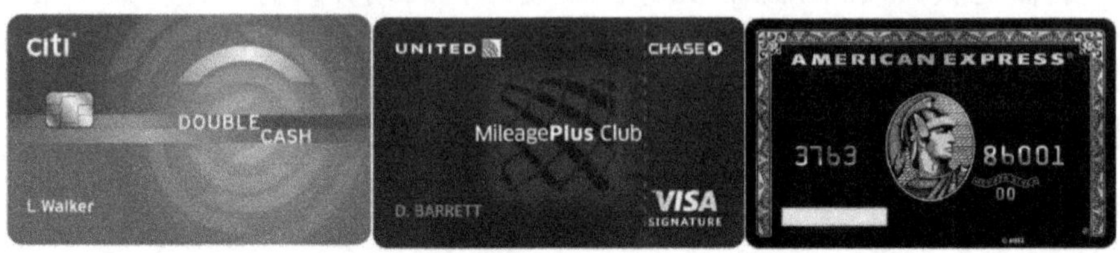

图表 5-4 有奖励和回扣的信用卡

5.12 怎么保证信用卡公司对你公平?

一旦你有一张信用卡，公平信用结账法保护你免受可能的不准确计费和收费的伤害。在一定的条件下，根据该法，如有未经授权的消费，持卡人只负责最多 50 美元责任。多了的损失是发卡机构的责任。条件是:

- 您订购了，但从未收到商品。
- 产品和服务的质量不能接受，或不同于原来服务承诺。
- 双重收费和其他不正确费用。

事实上这部法律对持卡人的保护非常强。我们推荐消费者用信用卡支付贵重的商品，因为有消费者权益保护法对信用卡使用者提供保护。

信用卡法案是最新的消费信贷法。它的全名是《信用卡计算、责任和信息披露法案》。该法案很长，条目和细节有很多。这里仅仅是几大亮点:

- 只要你及时付款，和原来一样，对现有的贷款余额，支付利息率不能提高。
- 可以选择不接受信用卡利息率增加，有继续用原有条款还清你的债务的权利。
- 必须提前 45 天通知利息率，费用和财务费用的增加。
- 禁止重复计费。如果你按时支付，就没有双重利息。

5.13 怎么获得应急资金?

在中国如果有时一下子资金周转不过来，可以向亲朋好友告急。但身在异国他乡，一时资金紧张，除了向大银行和其他金融服务机构贷款以外，现实生活中其他地方也可拿到融资做替代方法。下面就是美国常见的应急融资办法。我们要强调的是这只能做应急之用。如果你经常光顾这些地方，说明你的财务出了问题，需要想方设法改善。

支票兑现服务

有些企业可以兑现工资支票或政府支票，但会根据支票金额和一定百分比收取一定费用。例如，每星期兑现 200 美元的工资，每次成本可能是 8 美元。一年下来，费用可高达 416 美元。

支票递延，预借现金，发薪日贷款

无论哪个名字，这些被认为是短期高利率的贷款。客户写个人支票，包括费用（利息）。贷款人兑现现金给开支票的客户，并同意留着支票，直到下一个发薪日再取现。

典当行

人们可以在旅游区或赌城，如拉斯维加斯或者大西洋城，看到这些机构。人们带着有价值的商品，包括电子产品和珠宝作为担保，到典当行兑现换取现金。典当实际是个非常高利息的贷款。

快速退税

有些人希望他们申请 1040 所得税纳税申报表后，能马上拿到退款。他们想马上拿到现金，等不到美国政府向他们寄送退款。保税服务公司有时会提前给纳税人支付可能拿到的退税额。但是，纳税人拿到的数目要少于纳税申报退税额，因为很大一部分要给报税公司。

先租后买

有人先从商店租赁家电或娱乐系统。过一段时间之后再买下来。实际上，租赁的额外收费比使用信用卡来支付相同商品的总费用还要高得多。

总的来说，这些财务贷款服务一般都比较昂贵。他们大多是针对低信用评分的人，或那些现在财务状况不佳，急需用钱的人。例如，如果你有一个支票帐户，支票存款一般是免费的。然而银行不允许客户马上提现，一般要等到第二天甚至更晚。如果你不顾一切地需要现金，你可以用前面提到的第三方支票兑现服务。但是你将付出高额费用。

附录

租房申请表

RENTAL HOME

Email address
Phone Number

RENTAL APPLICATION

FOR OFFICE USE ONLY Circle One: Approved Denied Cancelled
Apartment Address: 123 Main st., AnyTown, NY 12345
Move-in Date: Pets: Yes or No

Basic Information:

Name (Last, First, M. I.) ______

Home Phone Number: ______ Cell Phone Number: ______

Work Phone Number: ______ Fax Number: ______

Email Address: ______

Current Address: Street: ______

City: ______ State: ______ Zip Code: ______

Requested Move-In Date: ______ Why are you moving? ______

How many people will be living in the apartment home? 1 2 3 4 5 6

Is this a Guarantor/Co-Signer Application? Yes No

If so, Guarantor's/Co-Signer's Relationship to Lessee: ______

Social Security Number: ______ Date of Birth: ______

ID Number (example: Driver's License): ______ State Issued: ______

Have you ever been convicted of a crime other than a minor traffic offense? Yes No

Have you ever been evicted? Yes No

Have you ever been sued for rent? Yes No

Have you ever been sued for property damages? Yes No

Current Residence:

Current Residence Mortgage or Rental Company: ______

Please Check One: Rent Own Other: ______

Rent or Mortgage Amount: $ ______ Date you moved in: ______

Reason for Leaving Residence: ______

Manager/Contact: ______ Phone Number: ______

Fax Number: ______ Email Address: ______

If you have lived at your current residence less than six (6) months, a previous address is required.

Previous Address: Street: ______

City: ______ State: ______ Zip Code: ______

Previous Residence Mortgage or Rental Company: ______

Please Check One: Rent Own Other: ______

Rent or Mortgage Amount: $ ______ Date you moved in: ______

Reason for Leaving Residence: ______

Manager/Contact: ______ Phone Number: ______

Fax Number: ______ Email Address: ______

Employment: (Please show w-2 and two most recent pay stubs or other evidence of income)

Current Employer Name: ______

Street: ______

City: ______ State: ______ Zip Code: ______

Supervisor Name: ______ Phone Number: ______

Fax Number: ______ Email Address: ______

Job Title: ______ Start Date: ______

Gross Annual Income: $ ______ Additional Annual Income: $ ______

If you have worked at your current employment less than six (6) months, previous employment is required.

Previous Employer Name: ______

Street: ______

City: ______ State: ______ Zip Code: ______

Supervisor Name: ______ Phone Number: ______

Fax Number: ______ Email Address: ______

Job Title: ______ Start Date: ______

Gross Annual Income: $ ______ Additional Annual Income: $ ______

RENTAL HOME Email address Phone Number

RENTAL APPLICATION

Emergency Contact:

Name (First, M.I., Last): ____ Relationship: ____
Home Phone Number: ____ Cell Phone Number: ____
Work Phone Number: ____ Fax Number: ____
Email Address: ____
Street: ____
City: ____ State: ____ Zip Code: ____

In the event of serious illness or other circumstances that would make you unavailable, does this emergency contact have permission to remove your property from your apartment home or common areas?

☐Yes ☐No

<u>All Occupants age 18 and over are obligated to fill out a separate rental application and be listed as a Lessee.</u>

Who is the Head of Household or First Point of Contact living in the apartment home (this can be you or any joint Applicant)? ____

Joint Applicant(s) (all individuals 18 years of age and over):
Name: ____ Name: ____
Name: ____ Name: ____

Occupants (all individuals under 18 years of age):

Occupant #1:
Name: ____ Social Security Number: ____
Date of Birth: ____ Relationship: ____

Occupant #2:
Name: ____ Social Security Number: ____
Date of Birth: ____ Relationship: ____

Occupant #3:
Name: ____ Social Security Number: ____
Date of Birth: ____ Relationship: ____

Occupant #4:
Name: ____ Social Security Number: ____
Date of Birth: ____ Relationship: ____

Will you be bringing any pets? Yes No

If yes, please complete the following information:

Pet #1:
Pet Type: ☐Bird ☐Cat ☐Dog ☐Other: ____
Breed: ____ Weight: ____ pounds Color: ____
Name: ____ Age: ____

Pet #2:
Pet Type: ☐Bird ☐Cat ☐Dog ☐Other: ____
Breed: ____ Weight: ____ pounds Color: ____
Name: ____ Age: ____

Do you owe any outstanding amounts to a previous landlord? ☐Yes ☐No
If yes, please explain: ____
Are you in the process of filing or have you ever filed bankruptcy? ☐Yes ☐No
If yes, please explain: ____

Note: Application fee $30 will be used for background and credit history check, which will be conducted online by a third party. A refundable security deposit equivalent to a month rent is due prior to move in with first month rent. Extra pet deposit is required depending on the size and breed.

RENTAL HOME Email: Email Address Tel: xxx-xxx-xxxx REV 2016.1

RENTAL HOME　　Email address
Phone Number　　RENTAL APPLICATION

APPLICANT AUTHORIZATION

1. Landlord relies on the information given above to be complete and accurate in order to act on the application in a timely manner. Any false statements, misrepresentations, inaccurate information or failure to supply the data requested above may serve as grounds for rejection of the application or grounds for an eviction action later.

2. By signing this application, the undersigned authorize(s) the use of any credit reporting and/or screening agencies to verify credit and validate the accuracy of all information recorded above. Further, my/our signature authorizes Landlord and the credit reporting and/or screening agencies to later exchange credit information and access my/our credit report(s) in the event of default of the Lease Agreement for collection or skip tracing purposes.

3. I/We warrant that all of the representations in this application are true and correct. I/We also understand that information provided on this application shall survive approval of this application and execution of a Lease Agreement.

4. I/We understand that occupancy of the apartment home is limited to persons specified on this application and that if I/we apply with other Applicants; all of our individual applications are evaluated collectively as a joint application. In multiple Applicant situations, application processing will not begin until the completed rental application and application fees for all Applicants (named on the first page of this application) have been received. In addition, I/we understand that the collective decision result is shared and binding to all joint Applicants. I/We also understand that if I/we are declined individually or as a joint Applicant for any reason other than failure to meet the minimum income requirement, I/we will not be eligible to reapply at any RENTAL HOME community for a minimum of 60 days from the date of this application.

5. I/We agree to submit to Landlord a valid form of photo identification (such as a state driver's license) prior to execution of a Lease Agreement.

6. In consideration of the costs associated with the processing of this application including background and credit check, I/we agree to pay Landlord a non-refundable application fee as stated earlier.

7. The undersigned acknowledge(s):
   a. Applicant's Credit Report will be pulled and must meet Landlord's minimum requirements.
   b. Applicant's Criminal Report will be pulled and must meet Landlord's minimum requirements.
   c. Applicant's employment must be satisfactorily verifiable by Landlord or Landlord's agent. The following are examples of acceptable forms of verification: Employer New Hire Offer Letter, two (2) most recent years of tax information, an annual Social Security Income Statement, a Disability Income Statement, Savings Account Statements, Grant Statements or Loan Statements.
   d. Applicant(s) must have a combined income of two and one-half (2 ½) times the monthly rental rate of the requested apartment home.
   e. Applicant must be a minimum of 18 years of age to enter into a Lease Agreement.

Signature:

________________________________　　Date ____________

Applicant 1

________________________________　　Date____________

Applicant 2

RENTAL HOME　Email: Email Address　Tel: xxx-xxx-xxxx　　REV 2016.1

一个典型的租房合同

RESIDENTIAL LEASE-RENTAL AGREEMENT

This is a legally binding Agreement; if not understood, seek competent legal advice prior to signing.

THIS FORM IS DESIGNED AND INTENDED FOR THE LEASE-RENTAL OF RESIDENTIAL REAL ESTATE LOCATED IN THE STATE OF DELAWARE (EXCEPTING THOSE RENTAL AGREEMENTS WHICH ARE EXCLUDED FROM APPLICATION OF THE DELAWARE LANDLORD-TENANT CODE).

PARTIES:

Landlord: ______________________________

Tenant: ______________________________

Current Address: ______________________________

Primary Phone #: ____________________ Email address: ______________________________

		Total Due	Received	Due Prior To Occupancy
Rent for the period of		$	$	$
Security Deposit:		$	$	$
Tax (if applicable):		$	$	$
Animal/Pet Deposit:		$	$	$
Other:		$	$	$
TOTAL:		$	$	$

Tenant hereby offers to rent from the Landlord and Landlord agrees to rent to Tenant the property situated in the City/Town of ________ County of ______________, State of ____________, and more fully described as ______________________________ (hereafter referred to as the "Property"), with a mailing address of: ______________________________ upon the following TERMS and CONDITIONS:

1. TERM: The term hereof shall commence on ________________________, and continue until 11:59PM on __________________ (last day of term), for a total rent of ______________________, plus tax if applicable.

2. RENT: Rent shall be ____________________ per month, payable in advance, upon ______________ day of each calendar month to Landlord, or his/her authorized agent, at the following address:

____

or at such other place as may be designated by Landlord from time to time. In the event the rent is not paid within five (5) days after due date, Tenant agrees to pay a late charge of _______ , plus interest at the maximum rate allowed by the law on the amount still delinquent after one month. Tenant further agrees to pay _________ for each dishonored bank check. The late charge period is not a grace period, and the Landlord is entitled to make written demand for any rent if not paid when due. Any unpaid balances remaining after termination of occupancy shall accrue interest at the maximum rate allowed by law. Properties located within certain cities, municipalities and communities may be subject to additional rental taxes. Tenant agrees to pay any applicable rental tax monthly in addition to the rental amount stated herein.

3. RENTAL APPLICATION: In the event Tenant has completed a rental application, Tenant represents that all information contained therein is true and correct to the best of the Tenant's knowledge, information and belief. Providing incorrect or inaccurate information on the application is considered to be a breach of this Agreement and shall be grounds for termination of this Agreement by the Landlord.

4. TENANT RESPONSIBILITIES: It is expressly understood that this Agreement is between the Landlord and each signatory jointly and severally. Each signatory shall be responsible for timely payment of all rent and performance of all other provisions of this Agreement.

Page **1** of **5**

5. USE AND OCCUPANCY: The Property shall be used exclusively as a residence for no more than ____________ persons. Guests staying more than a total of _______________ days in a calendar year without prior written consent of the Landlord shall constitute a violation of this Agreement.

6. UTILITIES: Tenant shall be responsible for the payment of all utilities and services unless otherwise provided in this Agreement. Any utilities or services which cannot be transferred into Tenant's name are still the responsibility of the Tenant unless otherwise agreed to herein and Tenant agrees to reimburse Landlord/Agent within _______________ days of receipt of notice thereof. Tenant agrees not to turn off the utilities at the end of the lease term but to have them transferred back into the Landlord's name unless otherwise instructed by Landlord.

7. ANIMALS/PETS: Unless otherwise provided by separate addendum, no pets/animals of any kind shall be brought on the Property without the expressed written consent of the Landlord.

8. ORDINANCES AND STATUTES: Tenant shall comply with all statutes, ordinances and requirements of all municipal, state and federal authorities now in force, or which may hereafter be in force, pertaining to the use of the Property. Tenant further agrees to abide by all rules and regulations of any community or condominium in which the Property is a part of, whether promulgated before or after the execution of this Agreement. Tenant shall be responsible for any fees, fines or penalties assessed against Landlord resulting from any actions of the Tenant or Tenant's guests or invitees in violation of this provision.

9. BUILDING/COMMUNITY RULES: In the event that the Property is a portion of a building or community containing more than one unit, Tenant agrees to abide by any and all building/community rules, whether promulgated before or after the execution hereof, including, but not limited to, rules with respect to noise, odors, disposal of trash, pets/animals, parking, grass cutting and use of common areas.

10. NO SUBLETTING OR ASSIGNING OF RENTAL AGREEMENT: Tenant shall not assign this Agreement. Tenant shall not, without prior written consent of the Landlord, sublet the Property or any portion thereof.

11. SUBORDINATION: Tenant agrees that this Agreement shall be subordinate to any mortgages which may now be in effect or hereafter be placed upon the real property of which the Property forms a part, and to any and all advances made or to be made thereunder. Tenant agrees to sign any and all papers required by a lender or title insurer to confirm this.

12. MAINTENANCE, REPAIRS OR ALTERATIONS: Tenant acknowledges that the Property is in good order and repair, unless otherwise indicated herein. Tenant shall at all times, maintain the Property in a clean and sanitary manner including all equipment, appliances, furniture and furnishings therein and shall surrender the same, at termination hereof, in as good condition as received, normal wear and tear excepted. Tenant shall be responsible for damages caused by his negligence and that of his family or invitees and guests. Tenant shall not paint, paper or otherwise redecorate or make alterations to the Property without the prior written consent of the Landlord. Tenant shall irrigate and maintain any surrounding grounds, including lawns, and shrubbery, and keep the same clear of trash or weeds, if such grounds are a part of the Property and are exclusively for the use of the Tenant unless otherwise agreed herein. Tenant shall not commit any waste upon the said Property, or any nuisance or act which may disturb the quiet enjoyment of any Tenant in the building, or any surrounding neighbors. Tenant shall not have a waterbed on the Property without the prior written consent of the Landlord.

Any defective condition of the Property which comes to the Tenants' attention, and which the Tenant has reason to believe is the duty of the Landlord or of another Tenant to repair, shall be reported in writing by the Tenant to the Landlord as soon as is practicable. The Tenants shall be responsible for any liability or injury resulting to the Landlord as a result of the Tenants' failure to timely report such condition, unless Landlord has actual notice of the defective condition. Tenant agrees, at their own expense, to replace any/all HVAC filters and smoke detector batteries no less than every six (6) months.

13. INVENTORY: The rental shall include the following appliances, furnishings and appointments: ______________________________

____

____

____

14. DAMAGES TO PREMISES: If the Property is so damaged by fire or from any other cause as to render it untenantable, then either party shall have the right to terminate this Agreement as of the date on which such damage occurs, through written notice to the other party, to be given within (15) fifteen days after occurrence of such damage; except that should such damage or destruction occur as the result of the abuse or negligence of Tenant or Tenant's guests or invitees, then Landlord only shall have the right to termination, and shall have full recourse against Tenant or Tenant's guests or invitees for such fault or negligence.

Should any termination right be exercised by either the Landlord or Tenant, then except for an event of Tenant or Tenant's guests or invitees, fault or negligence, rent for the current month shall be prorated between the parties as of the date the damage occurred and any prepaid rent and unused security deposit shall be refunded to Tenant. If this Lease is not terminated and Tenant continues in possession, then Landlord shall promptly repair the Property and there shall be a proportionate reduction of the rent until Property is repaired and ready for Tenant's occupancy. The proportionate reduction shall be based on the extent to which the making of repairs interferes with Tenant's reasonable use of the Property.

15. ENTRY AND INSPECTION: Landlord or Landlord's Agent shall have the right to enter the Property: (a) in case of emergency; (b) to inspect the Property, make necessary or agreed repairs, decorations, alterations, improvements, and supply necessary or agreed services, exhibit the Property to prospective buyers, mortgagees, tenants, workmen, or contractors; or (c) when Tenant has abandoned or surrendered the Property. Except under (a) and (c), entry maybe made only during normal business hours, and with at least forty-eight (48) hours prior notice to Tenant given in accordance with the Landlord Tenant Code, unless otherwise agreed to by addendum to this Agreement.

16. INDEMNIFICATION: Landlord or Landlord's Agent shall not be liable for any damage or injury to Tenant, or any other person, or to any personal property, occurring on the Property or any part thereof, or in common areas thereof, unless such damage is the proximate result of the negligence or unlawful act of the Landlord, his agents, or his employees. Tenant agrees to hold Landlord and Agent harmless from any claims for damages, no matter how caused, except for injury or damages caused by willful act or negligence of Landlord, his Agents, or employees. Landlord's insurance does not cover Tenant's personal property. Tenant is encouraged to obtain Tenant's insurance for their contents and personal liability.

17. POSSESSION: If the Landlord fails to put the Tenant into full possession of the Property at the beginning of the agreed term, the rent shall abate during any period the Tenant is unable to enter and:
(a) Upon notice to the Landlord, the Tenant may terminate the rental agreement at any time the Tenant is unable to enter into possession; and the Landlord shall return all monies paid to the Landlord for the rental unit, including any pre-paid rent, pet deposit and security deposit; and
(b) If such inability to enter is caused wrongfully by the Landlord or by anyone with the Landlord's consent or license due to substantial failure to conform to existing building and housing codes, the Tenant may recover reasonable expenditures necessary to secure equivalent substitute housing for up to one (1) month. In no event shall such expenditures under this subsection exceed the agreed upon rent for one (1) month. Such expenditures may be recovered by appropriate action or proceeding or by deduction from the rent upon the submission of receipts for same.
If such inability to enter results from the wrongful occupancy of a holdover Tenant and the Landlord has not brought an action for summary possession against such holdover Tenant, the entering Tenant may maintain an action for summary possession against the holdover Tenant.

18. DEFAULT: Should the Tenant fail to pay rent when due, or otherwise violate any of the provisions of this Agreement, and should such failure to pay rent or other violation continue after proper notice of such default is given in the manner required by law, (5 days notice for unpaid rent and 7 days notice for all other violations), then the Landlord may elect to (a) continue the Agreement in effect and enforce all his rights and remedies hereunder, including the right to recover the rent as it becomes due, or (b) at any time, terminate all of the Tenant's rights hereunder and recover from Tenant all damages he may incur by reason of the breach of the Agreement, including the cost of recovering the Property, and including the worth at the time of such termination, or at the time of an award if suit be instituted to enforce this provision, of the amount by which the unpaid rent for the balance of the term exceeds the amount of such rental loss which the Tenant proves could be reasonable avoided.

If Tenant abandons or vacates the Property while in default of the payment of rent, Landlord may consider any personal property left on the Property to be abandoned and may dispose of the same in any manner allowed by law. All personal property on the Property is hereby subject to a lien in favor of Landlord securing the payment of all sums due hereunder, to the maximum extent allowed by law.

19. SECURITY: The security deposit set forth shall secure the performance of the Tenant's obligations as defined below:
(a) Reimburse the Landlord for the actual damages caused to the Property by the Tenant which exceed normal wear and tear or which cannot be corrected by painting and ordinary cleaning; and/or,
(b) Pay the Landlord for all rental arrearage due under this Agreement, including Service Fees and rental due for premature termination or abandonment of this Agreement by the Tenant; and/or,
(c) Reimburse the Landlord or their agent for all reasonable expenses incurred in renovating and re-renting the Property caused by the premature termination of this Agreement by the Tenants, which included termination pursuant to 25 Del. C. 5314.
In the event an animal/pet Deposit has been paid by Tenant, any damage to the Property caused by an animal/pet shall first be deducted from the animal/pet deposit. Where the pet deposit is insufficient, such damages may be deducted from the security deposit. Pursuant to the Landlord Tenant Code, the Landlord may, but shall not be obliged to, apply all portions of the said deposit on the account of Tenant's obligations hereunder. Any balance remaining upon termination, shall be returned to the Tenant. Tenant shall not have the right to apply the security deposit in payment of the last month's rent. All Deposits will be held in escrow by the Landlord or their authorized Agent unless otherwise notified. Any interest accruing on any funds held by Landlord/Agent shall accrue to the Landlord/Agent. Deposits shall be held in an account with ______________________________ (a federally-insured banking institution with an office that accepts deposits in Delaware) .

20. DEPOSIT REFUNDS: The balance of all deposits shall be refunded within twenty (20) days from date possession is delivered to Landlord, or his authorized Agent, together with an itemized written statement showing any charges made against such deposits.

21. FAIR HOUSING: All Parties agree to comply with all Fair Housing and Civil Rights laws in the rental of the Property and further agree specifically not to discriminate against any person because of race, color, national origin, religion, creed, sex, marital status, sexual orientation, age, occupation, handicap, disability, or a child or children in the family. Landlord and Agents shall comply with all provisions of the Delaware Fair Housing Act and with the Fair Housing provisions of Section 5116 of the Delaware Residential Landlord-Tenant Code.

22. TERMINATION: Either Landlord or Tenant may terminate this Agreement upon the expiration date by giving a minimum of sixty (60) days written notice prior to the last day of the term hereof, whereby this Agreement shall terminate upon its expiration date. Tenant may terminate this Agreement upon thirty (30) days written notice, which thirty-day period shall begin on the first day of the month following the day of actual notice, provided the Tenant can satisfy one of the requirements of the exceptions as set forth in 25 Del C §5314. In such event the Tenant shall provide Landlord with sufficient documentation to verify the Tenant's right to early termination. In the event a military service member qualifies under §535 of the Service members Civil Relief Act (50 USC App §§501 *et seq)*, no early termination fee will be charged.

23. HOLDOVER TENANCY: In the event the term of this Agreement is for one (1) year or longer and the Landlord does not give the Tenant at least sixty (60) days written notice prior to the expiration of the term, and the Tenant does not give at least 60 days written notice to the Landlord prior to the expiration of the term, of either's intention to terminate this Agreement upon the end of the term, then the term shall become month to month and all other provisions shall continue in full force and effect until either party shall terminate the same by giving the other party sixty (60) days notice in accordance with the Delaware Landlord Tenant Code. Said sixty (60) days shall begin on the first day of the month following the date of such notice.

Should the Landlord intend to renew this Agreement subject to amended or modified provisions, the Landlord shall give the Tenant a minimum of sixty (60) days written notice prior to the expiration of the term hereof. After receipt of such notice from the Landlord, should the Tenant fail to give notice to the Landlord at least 45 days prior to the last day of the term hereof of their intention to terminate the existing Agreement, the provisions of the amended or modified Agreement shall be deemed to have been accepted and agreed to by the Tenants and the terms of the Agreement, as amended, shall take full force and effect.

Should the Tenant continue in possession of the Property after the expiration of this Agreement without the Landlord's consent and after receiving proper notice from the Landlord, Tenant shall pay to the Landlord a sum of double the monthly rental under this Agreement, computed and pro-rated on a daily basis, for each day the Tenant remains in possession for any period. In addition, the holdover Tenant without Landlord approval shall be responsible for any further losses incurred by the Landlord as determined by a proceeding before any Court of competent jurisdiction.

24. WAIVER: No failure of Landlord to enforce any term hereof shall be deemed a waiver. The acceptance of rent by Landlord or Landlord's agent shall not constitute a waiver of the Landlord's right to enforce any term hereof.

25. NOTICES: Any notice which either party may give, or is required to give, shall be given in accordance with the Delaware Landlord Tenant Code.

26. TIME: Time is of the essence of this Agreement.

27. LANDLORD TENANT CODE: THIS AGREEMENT SHALL BE GOVERENED BY THE DELAWARE LANDLORD TENANT CODE. The Tenant acknowledges receipt of a copy of the Landlord Tenant Code Summary. If the Property is in New Castle County outside a City, Tenant also acknowledges receipt of the New Castle County Tenants' Rights and Responsibilities Guide.

28. NOTICE OF EXTENDED ABSENCE: Tenant shall notify the Landlord in writing prior to the first day of any anticipated absence from the Property of the Tenant for more than seven (7) days. Failure to give said notice may be treated as abandonment of the Property and may be grounds for the termination of this Agreement. Tenant agrees to keep utilities on and adequate heat and A/C (if applicable) in the unit during any extended absence from the Property.

29. ADDITIONAL TERMS AND CONDITIONS:

____

____

____

____

____

30. CONSUMER INFORMATION STATEMENT (CIS): The parties acknowledge that they have previously received, read and executed the Delaware Consumer Information Statement for Consumers seeking to Rent Residential Property and confirm the following agency relationships exist.

I. ______________________________, Listing Broker
☐ Landlord's Agent ☐ Dual Agent

II. ______________________________, Licensee
☐ Landlord's Designated Agent ☐ Designated Dual Agent

III. ______________________________, Renting Broker
☐ Tenant's Agent ☐ Dual Agent ☐ Landlord's Subagent

IV. ______________________________, Licensee
☐ Tenant's Designated Agent ☐ Designated Dual Agent ☐ Landlord's Subagent

ATTACHMENTS: If checked, the following attachments are made a part of this lease Agreement:

☐ Lead Based Paint Addendum ☐ Utility Addendum ☐ Furnishings Addendum
☐ Radon Disclosure ☐ Pet Addendum ☐ City of Newark Addendum
☐ Smoke Detector Pamphlet/Information ☐ Entry Agreement
☐ Community Rules & Regulations ☐ Entry Agreement with Lockbox Authorization

☐ Other: Renter's insurance
Addendum______________________________

ENTIRE AGREEMENT: The foregoing constitutes the entire Agreement between the parties and may be modified only by written Agreement signed by both parties. All parties hereto certify that they are at least eighteen (18) years of age and have the legal capacity to enter into this Agreement. Tenant and Landlord agree that the invalidity of any one or more provisions of this Agreement shall not invalidate any other provision of the Agreement itself.

IN WITNESS WHEREOF, the parties have signed this Agreement on the date stated below, thereby showing their receipt of same and their intent to be bound by the terms of this Agreement.

______________________________ ______________________________
Landlord Date/Time Tenant Date/Time

______________________________ ______________________________
Landlord Date/Time Tenant Date/Time

______________________________ ______________________________
Listing Broker Office Address

______________________________ ______________________________
Office Phone Number Office Fax Number

______________________________ ______________________________
Licensee Phone/Email Address

______________________________ ______________________________
Renting Broker Office Address

______________________________ ______________________________
Office Phone Number Office Fax Number

______________________________ ______________________________
Licensee Phone/Email Address

租房合同的保险附加条款

Renter's Insurance Lease Addendum

Resident Insurance Requirement: Resident agrees to maintain at Resident's sole expense a standard type of Tenant's or Renter's homeowners insurance policy, or its equivalent, issued by a licensed insurance company of Resident's selection which provides limits of liability of at least **$100,000** personal liability.

Resident agrees to use and maintain the Premises as follows: Not to have on the Premises an aquarium or any equivalent type of device with a capacity in excess of twenty-five (25) gallons without prior written consent of Landlord. Waterbeds are not permitted.

Satellite Dishes: Owner will permit Resident to install a satellite dish for personal, private use on the premises under the following conditions:
G. Resident shall obtain and at all times retain a liability insurance policy for said satellite dish with a minimum of **$100,000** coverage and cause owner to become an "additional insured" under said policy. Resident shall provide proof of said insurance to the satisfaction of Owner before said satellite dish is installed.

I (we) have read and agree to the above Renter's Insurance requirements and will maintain insurance policy with a minimum of $100,000 coverage and cause owner to become an "additional insured" under said policy. I (we) will provide proof of said insurance to the property manager upon request by owner or agent for owner.

Resident	Date	Property Owner	Date
Resident	Date		
Resident	Date		
Resident	Date		

租房合同的宠物附加条款

Renter's Pet Lease Addendum

This is addendum to the Lease Agreement signed on _____________, 20____ on property 152 Steven Ln, Wilmington DE 19808, by Owner and Tenant. This document modifies the Lease Agreement as described below.

Pet name: ____________________________________
Pet type (dog, cat, other): ______________________
Pet breed: ____________________________________
Pet description: ________________________________
Pet weight: __________ Pet age: __________________
Indoor ____ Outdoor _____ Spayed/Neutered (Y/N) _____

Owner grants permission to Tenant to keep the Pet described above (and no other pets) at the aforementioned premises, subject to the Terms and Conditions of the Lease Agreement. Owner reserves the right to revoke this permission at any time, should Tenant fail to comply with the Terms and Conditions of the Lease Agreement and this Addendum.

Tenant has given to Owner a pet deposit of $________, which is a one-time fee that is added to the security deposit. Tenant understands that this deposit is refundable at the end of the lease term, upon the Tenant's compliance with all terms and conditions and the return of the premises in good condition, free of pet damage, odors, and flea or other pest infestation. In addition, Tenant is responsible for all damages caused by or made necessary as a result of the Pet, including those in excess of the amount of the pet deposit.

Tenant is responsible for controlling the Pet and complying with all city ordinances regarding requirements for licensing, vaccinating, and leashing the Pet. Tenant will keep premises free of pet waste and will not permit the Pet to be a nuisance to others. If the Tenant becomes aware of any vicious tendencies on the part of the Pet, the Pet should be removed from the premises immediately.

Owner also has the right to enter the premises if there is reason to believe the Pet poses a threat to the health and safety of others or if a violation of the Lease Agreement or Addendum is suspected. Owner will not enter the premises without first making a reasonable attempt to request entry from the Tenant, except in the case of an emergency or Tenant's failure to respond within a reasonable amount of time. If the safety of the Pet or others is threatened for any reason, Owner has the right to remove the Pet at any time and place it in the custody of Animal Control. Any fees incurred for the Pet's removal or boarding are the responsibility of the Tenant.

Tenant ____________________________________ Date ______________________

Owner ____________________________________ Date ______________________

全书（上下册）检索目录

第 1 章 美国的钱

1.1 美元的硬币是什么样的？

1.2 美元的钞票是什么样的？

1.3 美元钞票的最大面额是多少？

1.4 美国的钱是在哪里造的？

1.5 怎么进行货币兑换？

1.6 现钞和现汇有什么区别？

1.7 携带美元到美国需要注意什么？

1.8 怎么电汇美元到美国？

1.9 如何用银行卡在美国取现？

1.10 一个典型的美国人的钱包里有什么？

1.11 反洗钱法规有什么要求？

第 2 章 购买商品

2.1 美国有哪些商店？

2.2 美国有哪些百货商店？

2.3 美国有哪些折扣商店？

2.4 美国有哪些仓储式商店？

2.5 美国有哪些专业商店？

2.6 美国有哪些超级市场？

2.7 美国有哪些昼夜商店？

2.8 美国的小店在哪里？

2.9 怎么使用自动售卖机？

2.10 在美国怎么进行网购？

2.11 美国的东西什么时候打折？

2.12 美国的商店节假日关门吗？

2.13 在哪里买食品？

2.14 在哪里买药？

2.15 在美国可以讲价吗？

2.16 退换货政策和保修有什么规定？

第 3 章 购买服务

3.1 到美国怎么打电话？

3.2 怎么选择手机电话公司？

3.3 怎么选择电话计划？

3.4 在美国去哪儿吃饭？

3.5 如何乘坐出租车？

3.6 如何坐公共交通？

3.7 汽车租赁应注意什么？

3.8 如何给汽车加油？

3.9 过桥过路费怎么交？

3.10 入住旅馆旅店有哪些需要注意的？

3.11 美国住什么样的房子？

3.12 在美国怎么租房？

3.13 如何支付账单？

3.14 什么地方要给小费，怎么计算？

第 4 章 如何支付

4.1 在哪里可以用现金？

4.2 怎么使用支票？

4.3 电子支票是什么？

4.4 怎么进行转账？

4.5 汇票和现金支票是什么？

4.6 信用卡和借记卡怎么用？

4.7 借记卡和信用卡的区别是什么？

4.8 在美国使用银联有什么注意事项？

4.9 美国有哪些在线和移动支付？

4.10 不同的支付方式有什么优缺点？

第 5 章 获取信贷

5.1 美国市面上有哪几种信用卡？

5.2 什么是征信机构？

5.3 什么是信用评分？

5.4 如何修复信用问题？

5.5 怎么用法律保护自己借贷过程？

5.6 怎么确保信用局的公正准确？

5.7 怎么应对不公平的债务催收行为？

5.8 到哪里可以申请信用卡？

5.9 选购信用卡时应该考虑哪些问题？

5.10 大家都从哪里获得贷款？

5.11 申请贷款有哪些注意事项 ？

5.12 怎么保证信用卡公司对你公平？

5.13 怎么获得应急资金？

第 6 章 理财规划

6.1 为啥理财得有计划？

6.2 怎么选专业人士做理财计划？

6.3 遗产规划有什么？

6.4 什么是遗嘱？

6.5 如果您死亡但没有留下遗嘱会怎样？

6.6 什么时候应该修改您当前的遗嘱？

6.7 什么是未成年子女的监护和信托？

6.8 哪些财产不能通过遗嘱转让？

6.9 信托是怎么回事？

6.10 不同年龄段的理财考虑有什么不同？

6.11 美国富人的财务规划包括什么？

6.12 什么是财富和净资产？

6.13 什么是快速收益计算方法？

第7章 寻求保障

7.1 为什么在美国要买保险？

7.2 在美国怎么买健康保险？

7.3 政府怎么保护买不起健康保险的人？

7.4 什么是奥巴马平价医疗保险计划？

7.5 怎么申请奥巴马医疗保险？

7.6 长期护理保险是怎么回事儿？

7.7 残疾收入补偿保险是什么？

7.8 美国的人寿保险有哪几种？

7.9 房主保险用来干嘛？

7.10 为什么要买责任保险？

7.11 怎么决定买要哪种保险？

7.12 法规对买保险的人有什么保护？

7.13 怎么确保保单的有效性？

第8章 选择投资

8.1 多样化投资和资产配置之间有区别吗？

8.2 投资策略是什么意思？

8.3 短期低风险投资有何选择？

8.4 中长期投资工具有什么？

8.5 投资美国房地产要知道什么？

8.6 在美投资可以考虑哪些高风险投资？

8.7 为什么不同类型投资的费用不同？

8.8 不同投资渠道有什么优缺点？

8.9 买股票时需要问哪些问题？

8.10 哪些是税收优惠投资？

8.11 美国联邦有哪些投资者保护机构？

8.12 美国各州内有什么投资者保护机构？

8.13 美国投资欺诈有何征兆？

8.14 在美国怎么寻找可信的投资顾问？

第9章 寻找工作

9.1 在美国收入有哪几种方式？

9.2 在美国怎么选择职业？

9.3 在美国如何找工作?

9.4 选择工作有什么硬性因素?

9.5 选择工作考虑什么软性因素?

9.6 美国大公司的薪酬是怎么决定的?

9.7 美国各州的最低工资标准是什么?

9.8 哪些是应有的雇员福利?

9.9 在美国怎么拿失业救济金?

9.10 有些福利是由雇主酌情决定提供的?

9.11 如何利用退休储蓄计划和医疗储蓄帐户?

9.12 美国有哪些雇主退休计划?

第 10 章 个人缴税

10.1 什么是美国全球收入征税?

10.2 怎么申报个人所得税?

10.3 申报国外账户是怎么回事儿?

10.4 美国的工资单长什么样?

10.5 美国的工资税怎么决定?

10.6 在美国怎么合法节税?

10.7 何时能领取养老，医疗，遗属和伤残保险福利?

10.8 什么是销售税?

10.9 什么是房产物业税?

10.10 什么是遗产税?

10.11 什么是赠与税?

10.12 什么是隔代赠与税 ?

10.13 外国人遗产税和赠与税有什么问题?

第 11 章 公司创业

11.1 在美国怎么开始做生意呢?

11.2 什么是商业计划书?

11.3 什么样的商业计划书有吸引力?

11.4 怎么确定市场范围?

11.5 还有其它创业考虑吗?

11.6 有哪些公司种类和税表形式?

11.7 怎么决定注册公司形式呢?

11.8 美国注册公司的条件和程序有什么?

11.9 怎么考虑生意的基金来源?

11.10 子公司业务模式是怎么回事?

11.11 怎么样算美国分支机构?

11.12 什么是美国代表处?

11.13 怎么算是公司的税务收入活动?

11.14 美国有哪些公司收入税?

11.15 公司怎么申报销售税和使用税?

11.16 工资税是怎么报给政府的?